本書係「敦煌文獻系統性保護整理出版工程」項目成果

二〇二一—二〇三五年國家古籍工作規劃重點出版項目

「十四五」國家重點出版物出版規劃項目

國家古籍整理出版專項經費資助項目

中國國家圖書館藏敦煌文獻

中國國家圖書館 編

第三六册

BD00491～BD00504

國家圖書館出版社

DUNHUANG MANUSCRIPTS IN THE NATIONAL LIBRARY OF CHINA

036

BD00491 ~ BD00504

compiled by the

National Library of China

National Library of China Publishing House

顧問 方廣錩 郝春文 榮新江 李際寧

編纂出版 張志清 魏崇 陳紅彥 殷夢霞 薩仁高娃
謝冬榮 劉波 林世田 廖生訓

編纂 林世田 薩仁高娃 常蓋心 于瑞 劉毅超
劉波 劉炳梅 周升川 劉婷 程佳羽
沈艷麗 高雅

編輯 潘竹 程魯潔 黃鑫 苗文葉

審稿 孫彥 宋志英 鄧咏秋

凡例

一　本書刊布中國國家圖書館藏敦煌文獻，以館藏編號爲序編排。

二　館藏編號采用「BD+流水號」格式，如 BD00001, BD16579 等。背面在編號後加 v 表示。一個編號包含多件文獻者，編號後分别綴以字母 A, B, C 等。一件文獻含有多個内容者，以數字 -1, -2, -3 等標明順序。

三　圖版有縮印或放大處另加説明，尺寸超出本書幅面的以摺葉形式呈現。

四　卷軸裝、梵夾裝、經摺裝等裝幀形制的敦煌文獻，各附外觀圖像。

五　每件文獻依次呈現外觀、正面、背面等。背面僅刊布有文字、圖像或其他要素的圖版，而略去素紙部分，背面圖版同樣以從右到左順序編排。凡有外題者，遵從以上原則。

六　除個别特殊情況外，爲保證閲讀連貫、流暢，圖版儘量通欄呈現。

七　各葉上方附該件文獻全圖，以高亮形式顯示本葉大圖在全卷中的位置。部分長卷文獻全圖衹能分多段呈現時，在上段末以 符標示下段接續。卷尾内容不足一葉時，文獻全圖使用該圖卷尾部分，亦以 符標示。背面圖版文字與正面文字方向相反時，文獻全圖按原貌顯示，正文翻轉呈現，以便閲讀研究，用 符標示。

八　文獻題名大體沿用中國國家圖書館此前所編多部敦煌文獻目録的考證，部分吸收學界最新研究成果略作調整和完善。文獻題名綜合參考原卷首題、尾題、外題確定，如原卷題名與該文獻正式名稱不同，則采用正式名稱；無題名者，或比定題名，或擬定新名。非漢文文獻在題名前標注語種。有分卷不同等其他情況者，括注於文獻名稱後。

九　本書著録使用通行繁體字，涉及原文中的人名、地名等，必要時保留原字形。

About this publication

1. The documents are presented in shelfmark order.
2. The shelfmarks are in the form BD plus a running number, eg. BD00001, BD16579, &c. If a given shelfmark contains multiple documents, these are distinguished by the letters A, B, C, &c. If a document has multiple contents, they are distinguished by the numbering 1, 2, 3, &c. The verso side of an item is indicated by the letter v.
3. If it has been necessary to reduce or enlarge the size of an illustration, the dimensions are indicated. If the size of an illustration exceeds the size of the book, a folding sheet is used.
4. If the document is a scroll, a folded sutra, or has a stitched binding, a picture of the whole object is provided to show its external appearance.
5. The cover, front, and back of each document are reproduced in sequence. The back of a document is only reproduced if it contains text, illustrations, or other markings, and it is oriented from right to left. If it is blank it is not reproduced.
6. Except in a few special cases, the lines of text are reproduced unbroken to make them coherent and easier to read.
7. An illustration of the complete document is reproduced at the top of each page, and the section where the main illustration appears is highlighted in order to indicate its position. If it has only been possible to reproduce a long scroll in sections, the direction symbol has been used to indicate where one illustration ends and the next one begins. If the end of the scroll occupies less than one page, the direction symbol is used to indicate its position in the illustration of the complete document. If the text on the back of the document has a different orientation from the text on the front, it is reproduced as it is, but is also rotated (indicated with the rotation symbol) so that it can be read easily.
8. The titles of the documents generally conform with those already established by the Library, but in some cases have been amended by drawing on the most recent scholarly research. The titles are derived firstly from the beginning of the text, then from the end of the text, and lastly from the cover. If the title of a document differs from its authoritative form, the authoritative form is used; and if a document has no title, one is either supplied by comparison with similar documents, or a new one is devised. If the document is not in Chinese, its language is indicated before the title. If the number of juan is different from that of the authoritative version, or if there are other irregularities, this is noted.
9. The documents in the book are in traditional Chinese characters. Where the title contains personal or place names, the original characters used for these names are retained.

(Translated by David Helliwell)

第三六册目録

凡例 一
About this publication 三
BD00491 大方廣佛華嚴經卷三四 二
BD00491v 勘記 三九
BD00492 金光明經卷二 四二
BD00493 妙法蓮華經卷二 四八
BD00494 維摩詰所説經卷下 五四
BD00495 瑜伽師地論卷三二 八八
BD00496 大般若波羅蜜多經卷四七 一〇八
BD00497 妙法蓮華經卷三 一三八

BD00498 金剛般若波羅蜜經 一七四
BD00498v 妙法蓮華經卷二外題 一八八
BD00499 大般若波羅蜜多經卷三七 一九〇
BD00500 四分律戒本疏卷三 一九六
BD00501 四分律戒本疏卷三 二〇二
BD00502 梵網經盧舍那佛説菩薩心地戒品第十卷下 二一二
BD00502v-1 天復六年丙寅歲十一月廿日接袁布戒全還惠永記（擬） 二三六
BD00502v-2 丙寅年十一月日就靈圖寺施經布戒記（擬） 二三七
BD00503 妙法蓮華經卷七 二四〇
BD00504 妙法蓮華經（八卷本）卷六 二七六

BD00491 大方廣佛華嚴經卷三四

（唐）實叉難陀 譯

BD00491v 勘記

851cm × 26cm

與大菩薩衆俱
藐三菩提不退轉悉
一切菩薩智所住境入一切如來
行不懈善能示現種種神
調伏一切衆生而不失時
願於一切世一切劫一切
懈怠具足菩薩福智助道善
遠到一切菩薩智慧方便究竟彼岸示入生
死及以涅槃而不廢捨 菩薩行善入一切
菩薩禪定解脫三 摩鉢底神通明智諸
所施為皆得自在於 自在神力於
一念頃无所動作悉能往詣一 如來道場
衆會為衆上首請佛說法護持諸佛正法
以大願力廣大供養承事一切諸佛常勤修

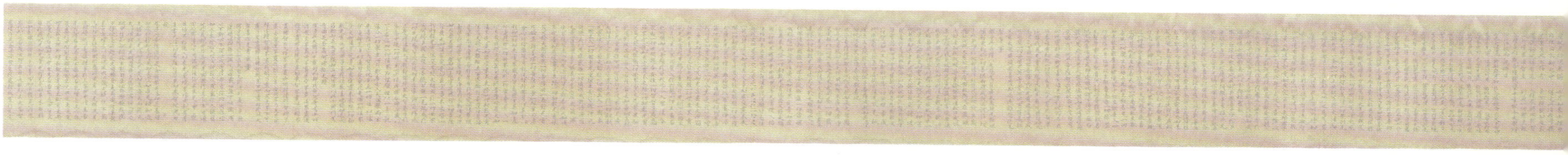

發一切菩薩所行事業其身普現一切世間
其音普及十方法界心智无礙普見三世一
切菩薩所有功德悉已修行而得圓滿於不
可說劫說不能盡其[illegible]金剛藏菩薩寶藏
菩薩蓮花藏菩薩[illegible]藏菩薩蓮花德藏菩
薩日藏菩薩蘇利耶藏菩薩无垢月藏菩薩
於一切國土普現莊嚴藏菩薩毗盧遮那智藏菩
薩妙德藏菩薩栴檀德藏菩薩花德藏菩
薩俱蘇摩德藏菩薩優鉢羅德藏菩薩天德
藏菩薩福德藏菩薩无礙清淨智德藏菩薩
功德藏菩薩那羅延德藏菩薩无垢藏菩薩
離垢藏菩薩種種辯才莊嚴藏菩薩大光明
網藏菩薩淨威德[illegible]王藏菩薩金莊嚴大
功德光明王藏菩薩一切相莊嚴淨德藏菩

切德光明王藏菩薩一切相莊嚴淨德藏菩
薩金剛鎧德相莊嚴藏菩薩光明鎧藏菩
薩星宿王光照藏菩薩虛空无礙智藏菩薩
妙音无礙藏菩薩陁羅尼功德持一切衆生願藏
菩薩海莊嚴藏菩薩須弥德藏菩薩淨一切
功德藏菩薩如來藏菩薩佛德藏菩薩解脫
月菩薩如是等无數无量无邊无等不可數
不可稱不可思不可量[illegible]可說諸菩薩摩訶
薩衆金剛藏菩薩而為上首
尒時金剛藏菩薩承佛神力入菩薩大智慧
光明三昧入是三昧已即時十方各過十億
佛刹微塵數世界外各有十億佛刹微塵數
諸佛同名金剛藏而現其前作如是言善哉
善哉金剛藏乃能入是菩薩大智慧光明三

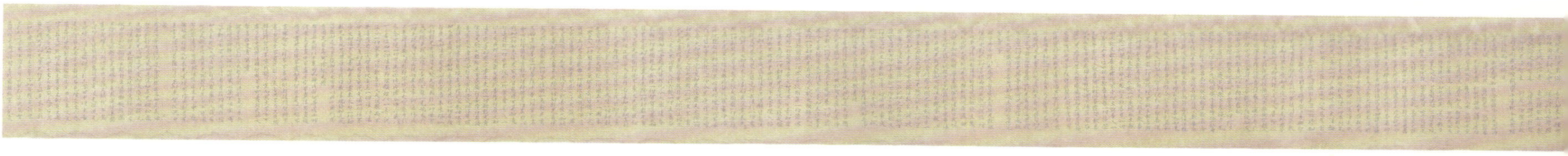

眛善男子此是十方各十億佛剎微塵數諸
佛共加於汝以毗盧遮那如來應正等覺本
願力故威神力故亦是汝勝智力故欲令汝
為一切菩薩說不思議諸佛法光明故所謂
令入智地故攝一切善根故善簡擇一切佛
法故廣知諸法故善能說法故无分別智清
淨故一切世法不染故出世善根清淨故得
不思議智境界故得一切智人智境界故又
令得菩薩十地始終故如實說菩薩十地差
別相故緣念一切佛法故修習分別无漏法
故善選擇觀察大智光明巧莊嚴故善入
決定智門故隨所住處次第顯說无所畏故
得无礙辯才光明故住大辯才地善決定故
憶念菩薩心不忘失故成熟一切眾生界故

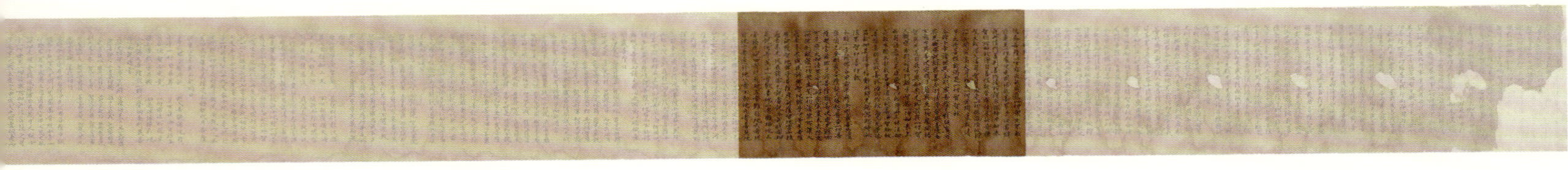

憶念菩薩心不忘失故成熟一切衆生界故
能遍至一切處決定開悟故善男子汝當辯
說此法門差別善巧法所謂承佛神力如來
智明所加故淨自善根故普淨法界故普攝
衆生故深入法身智身故受一切佛灌頂故得
一切世間最高大身故超一切世間道故清
淨出世善根故滿足一切智智故
尒時十方諸佛與金剛藏菩薩无能暎奪身
與无礙樂說辯與善分別清淨智與善憶念
不忘力與善決定明了慧與至一切處開悟
智與成道自在力與如來无所畏與一切智
人觀察分別諸法門辯才智與一切如來上
妙身語意具足莊嚴何以故得此三昧法如
是故本願所起故善淨深心故善淨智輪故

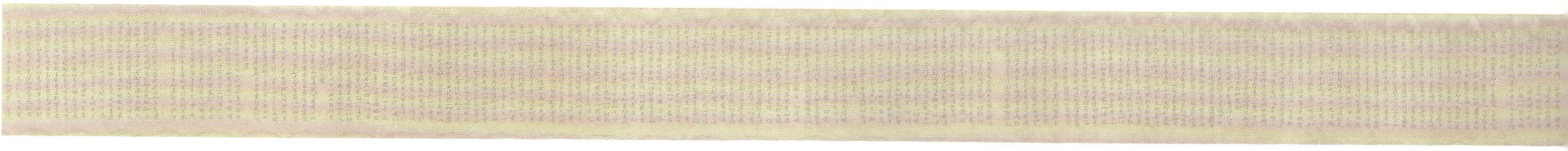

善積集助道故善修治九行故念其无量法
器故知其清淨信解故得无錯謬揔持故
法界智印善印故
尒時十方諸佛各申右手摩金剛藏菩薩頂
摩頂已金剛藏菩薩從三昧起普告一切菩
薩衆言諸佛子諸菩薩願善決定无雜不
可見廣大如法界究竟如虛空盡未來際遍
一切佛剎救護一切衆生爲一切諸佛所護入
過去未來現在諸佛智地佛子何等爲菩薩
摩訶薩智地佛子菩薩摩訶薩智地有十種
過去未來現在諸佛已說當說今說我亦如
是說何等爲十一者歡喜地二者離垢地三
者發光地四者焰慧地五者難勝地六者現
前地七者遠行地八者不動地九者善慧地

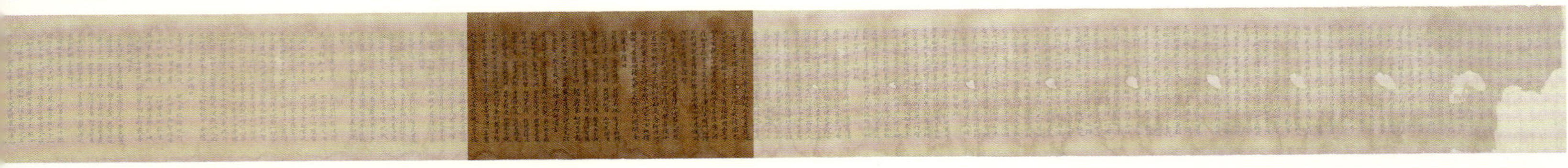

前地七者遠行地八者不動地九者善慧地
十者法雲地佛子此菩薩十地三世諸佛已
說當說今說佛子我不見有諸佛國土其中
如來不說此十地者何以故此是菩薩摩訶
薩向菩提最上道亦是清淨法光明門所謂
分別演說菩薩諸地佛子此處不可思議所
謂諸菩薩隨證智
尒時金剛藏菩薩說此菩薩十地名已默然
而住不復分別是時一切菩薩衆聞菩薩十
地名不聞解釋咸生渴仰作如是念何因何
緣金剛藏菩薩唯說菩薩十地名而不解釋
解脫月菩薩知諸大衆心之所念以頌問金
剛藏菩薩曰
何故淨覺人　念智功德具　說諸上妙地　有力不解釋

一切咸決定　勇猛无怯弱　何故說地名　而不為開演
諸地妙義趣　此衆皆欲聞　其心无怯弱　願為分別說
衆會悉清淨　離懈怠嚴潔　能堅固不動　具功德智慧
相視咸恭敬　一切悉專仰　如蜂念好蜜　如渴思甘露
尒時大智无所畏金剛藏菩薩聞說是已欲
令衆會心歡喜故為諸佛子而說頌言
菩薩行地事　冣上諸佛本　顯示分別說　第一希有難
微細難可見　離念超心地　出生佛境界　聞者悉迷惑
持心如金剛　深信佛勝智　知心地无我　能聞此勝法
如空中彩畫　如空中風相　牟尼智如是　分別甚難見
我念佛智慧　冣勝難思議　世間无能受　默然而不說
尒時解脫月菩薩聞是說已白金剛藏菩薩
言佛子今此衆會皆悉已集善淨深心善潔
思念善修諸行善集助道善能親近百千億

思念善修諸行善集助道善能親近百千億
佛成就无量功德善根捨離癡惑无有垢染
深心信解於佛法中不隨他教善哉佛子當
承佛神力而爲演説此諸菩薩於如是等甚
深之處皆能證知尒時解脱月菩薩欲重宣
其義而説頌曰
願説最安隱 菩薩无上行 分別於諸地 智淨成正覺
此眾无諸垢 志解悉明潔 承事无量佛 能知此地義
尒時金剛藏菩薩言佛子雖此眾集善淨思
念捨離愚癡及以疑惑於甚深法不隨他教
然有其餘劣解眾生聞此甚深難思議事多
生疑惑於長夜中受諸衰惱我愍此等是故
默然尒時金剛藏菩薩欲重宣其義而説
頌曰

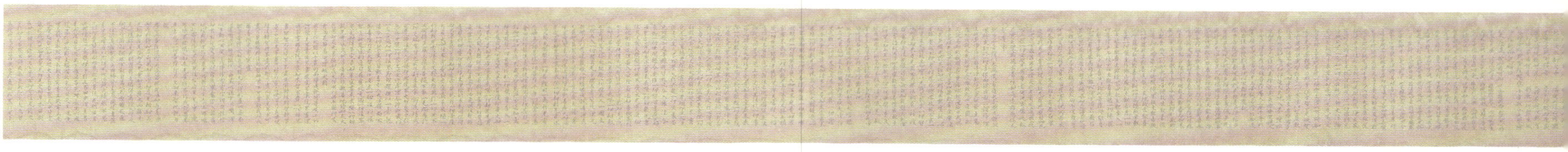

雖此衆淨廣智慧　甚深明利能決擇
其心不動如山王　不可傾覆猶大海
有行未久解未得　隨識而行不隨智
聞此生疑墮惡道　我愍是等故不說
尒時解脫月菩薩重白金剛藏菩薩言佛
子願承佛神力分別說此不思議法此人當得
如來護念而生信受何以故說十地時一切菩
薩法應如是得佛護念得護念故於此智
地能生勇猛何以故此是菩薩最初所行成
就一切諸佛法故譬如書字數說一切皆以字
母為本字母究竟无有少分離字母者佛
子一切佛法皆以十地為本十地究竟脩行
成就得一切智是故佛子願為演說此人必
為如來所護令其信受尒時解脫月菩薩

BD00491　大方廣佛華嚴經卷三四

為如來所護令其信受尒時解脫月菩薩
欲重宣其義而說頌曰
善哉佛子願演說　趣入菩提諸地行
十方一切自在尊　莫不護念智根本
此安住智亦究竟　一切佛法所從生
譬如書數字母攝　如是佛法依於地
尒時諸大菩薩衆一時同聲向金剛藏菩
薩而說頌言
上妙无垢智　无邊分別辯　宣暢深美言　第一義相應
念持清淨行　十力集功德　辯才分別義　說此最勝地
定戒集正心　離我慢邪見　此衆生起念　唯願聞善說
如渴思冷水　如飢念美食　如病憶良藥　如蜂貪好蜜
我等亦如是　願聞甘露法　善哉廣大智　願說入諸地
成十力无礙　善逝一切

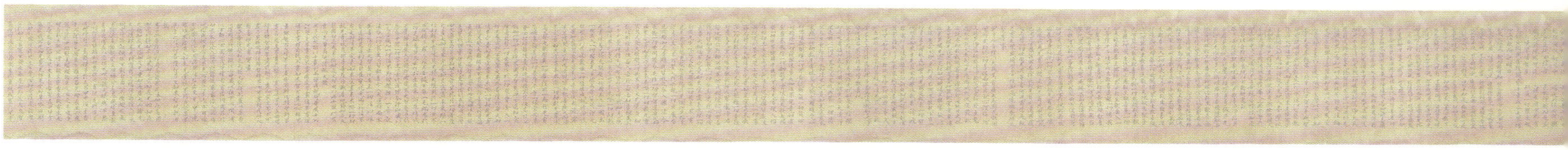

尒時世尊從眉間出清淨光明名菩薩力燄
明百千阿僧祇光明以為眷屬普照十方一
切世界靡不周遍三惡道苦皆得休息又照
一切如來衆會顯現諸佛不思議力又照十
方一切世界一切諸佛所加說法菩薩之身
作是事已於上虛空中成大光明雲網臺而
住時十方諸佛悉亦如是從眉間出清淨光
明其光名號眷屬作業悉同於此又亦照此
娑婆世界佛及大衆幷金剛藏菩薩身師
子座已於上虛空中成大光明雲網臺時光臺
中以諸佛威神力故而說頌言
佛无等等如虛空　十力无量勝功德
人間最勝世中上　釋師子法加於彼
佛子當承諸佛力　開此法王最勝藏
諸地廣智勝妙行　以佛威神分別說

BD00491　大方廣佛華嚴經卷三四

佛子當承諸佛力　開此法王衆勝藏
諸地廣智勝妙行　以佛威神分别説
若爲善逝力所加　當得法寶入其心
諸地无垢次第滿　亦具如來十種力
雖住海水劫火中　堪受此法必得聞
其有生疑不信者　永不得聞如是義
應説諸地勝智道　入住展轉次修習
從行境界法智生　利益一切衆生故
尒時金剛藏菩薩觀察十方欲令大衆增
淨信故而説頌曰
如來大仙道　微妙難可知　非念離諸念　求見不可得
无生亦无滅　性淨恒寂然　離垢聰慧人　彼智所行處
自性本空寂　无二亦无盡　解脱於諸趣　涅槃平等住
非初非中後　非言辭所説　出過於三世　其相如虚空

寂滅佛所行　言說莫能及　地行亦如是　難說難可受
智起佛境界　非念離心道　非蘊界處門　智知意不及
如空中鳥跡　難說難可示　如是十地義　心意不能了
慈悲及願力　出生入地行　次第圓滿心　智行非慮境
是境界難見　可知不可說　佛力故開演　汝等應敬受
如是智入行　億劫說不盡　我今但略說　真實義无餘
一心恭敬待　我承佛力說　勝法微妙音　譬喻字相應
无量佛神力　咸來入我身　此處難宣示　我今說少分
佛子若有衆生深種善根善修諸行善集助
道善供養諸佛善集白淨法為善知識善攝
善清淨深心立廣大志生廣大解慈悲現前
為求佛智故為得十力故為得大无畏故為
得佛平等法故為救一切世間故為淨大慈
悲故為得十方无餘智故為淨一切佛刹无

悲故爲得十方无餘智故爲淨一切佛刹无
障礙故爲一念知一切三世故爲轉大法輪
无所畏故佛子菩薩起如是心以大悲爲首
智慧增上善巧方便所攝深心所持如
來力无量善觀察分別勇猛力智力无礙智
現前隨順自然智能受一切佛法以智慧教
化廣大如法界究竟如虛空盡未來際佛子
菩薩始發如是心即得超凡夫地入菩薩位
生如來家无能說其種族過失離世間趣入
出世道得菩薩法住菩薩處入三世平等於
如來種中決定當得无上菩提菩薩住如是
法名住菩薩歡喜地以不動相應故
佛子菩薩住歡喜地成就多歡喜多淨信多
愛樂多適悅多欣慶多踴躍多勇猛多无

鬪諍多无惱害多无瞋恨佛子菩薩住此歡喜
地念諸佛故生歡喜念諸佛法故生歡喜念
諸菩薩故生歡喜念諸菩薩行故生歡喜念
清淨諸波羅蜜故生歡喜念諸菩薩地殊勝
故生歡喜念菩薩不可壞故生歡喜念如來
教化衆生故生歡喜念能令衆生得利益故
生歡喜念入一切如來智方便故生歡喜復
作是念我轉離一切世間境界故生歡喜親
近一切佛故生歡喜遠離凡夫地故生歡喜
近智慧地故生歡喜永斷一切惡趣故生歡
喜與一切衆生作依止處故生歡喜見一切
如來故生歡喜生佛境界中故生歡喜入一
切菩薩平等性中故生歡喜遠離一切怖畏
毛竪等事故生歡喜何以故此菩薩得歡喜

毛竪等事故生歡喜何以故此菩薩得歡喜
地已所有怖畏悉得遠離所謂不活畏惡名
畏死畏惡道畏大衆威德畏如是怖畏皆得
永離何以故此菩薩離我想故尚不愛自身
何况資財是故无有不活畏不於他所希求
供養唯專給施一切衆生是故无有惡名畏
遠離我見无有我想是故无有死畏自知死
已決定不離諸佛菩薩是故无有惡道畏我
所志樂一切世間无與等者何况有勝是故
无有大衆威德畏菩薩如是遠離驚怖毛
竪等事
佛子此菩薩以大悲爲首廣大志樂无能沮
壞轉更勤修一切善根而得成就所謂信增
上故淨信故解清淨故信決定故發生悲

隨故成就大慈故心无疲懈故慚愧莊嚴故
成就柔和故敬順尊重諸佛教法故日夜脩
集善根无猒足故親近善知識故常愛樂法
故求多聞无猒足故如所聞法正觀察故心
无依著故不耽著利養名聞恭敬故不求一
切資生之物故生如寶心无猒足故求一切智
地故求如來力无畏不共佛法故求諸波
羅蜜助道法故離諸謟誑故如說能行故常
護實語故不汙如來家故不捨菩薩戒故生
一切智心如山王不動故不捨一切世間事成
就出世間道故集助菩提分法无猒足故
常求上上殊勝道故佛子菩薩成就如是淨
治地法名為安住菩薩歡喜地
佛子菩薩住此歡喜地能成就如是大誓願

佛子菩薩住此歡喜地能成就如是大誓願
如是大勇猛如是大作用所謂生廣大清淨
決定解以一切供養之具恭敬供養一切諸
佛令无有餘廣大如法界究竟如虛空盡未
來際一切劫數无有休息又發大願願受一
切佛法輪願攝一切佛菩提願護一切諸佛
教願持一切諸佛法廣大如法界究竟如虛
空盡未來際一切劫數无有休息又發大願
願一切世界佛興于世從兜率天宮沒入胎
住胎初生出家成道說法示現涅槃皆悉往
詣親近供養為衆上首受行正法於一切處
一時而轉廣大如法界究竟如虛空盡未來
際一切劫數无有休息又發大願願一切菩薩
行廣大无量不壞不雜攝諸波羅蜜淨治

諸地總相別相同相異相成相壞相所有菩
薩行皆如實說教化一切令其受行心得增
長廣大如法界究竟如虛空盡未來際一切
劫數无有休息又發大願願一切衆生界 有
色无色有想无想非有想非无想卵生胎生
濕生化生三界所繫入於六趣一切生處名
色所攝如是等類我皆教化令入佛法令
永斷一切世間趣令安住一切智智道廣大如
法界究竟如虛空盡未來際一切劫數无有
休息又發大願願一切世界廣大无量麁細
亂住倒住正住若入若行若去如帝網差別
十方无量種種不同智皆明了現前知見廣
大如法界究竟如虛空盡未來際一切劫數
无有休息又發大願願一切國土入一國土

无有休息又發大願願一切國土入一國土
一國土入一切國土无量佛土普皆清淨光
明衆具以爲莊嚴離一切煩惱成就清淨道
无量智慧衆生充滿其中普入廣大諸佛
境界隨衆生心而爲示現皆令歡喜廣大如法
界究竟如虚空盡未來際一切劫數无有休
息又發大願願與一切菩薩同一志行无有
怨嫉集諸善根一切菩薩平等一緣常共集
會不相捨離隨意能現種種佛身任其自心
能知一切如來境界威力智慧得不退如意
神通遊行一切世界現形一切衆會普入一
切生處成就不思議大乘修菩薩行廣大如
法界究竟如虚空盡未來際一切劫數无有
休息又發大願願乘不退輪行菩薩行身語

意業悉不唐捐若暫見者則必定佛法暫聞
意聲則得實智慧纔生淨信則永斷煩惱得
如大藥王樹身得如如意寶身修行一切菩薩
行廣大如法界究竟如虛空盡未來際一
切劫數无有休息又發大願願於一切世界
成阿耨多羅三藐三菩提不離一毛端處於
一切毛端處皆悉示現初生出家詣道場成
正覺轉法輪入涅槃得佛境界大智慧力於
念念中隨一切衆生心示現成佛令得寂滅以
一三菩提知一切法界即涅槃相以一音說
法令一切衆生心皆歡喜示入大涅槃而不
斷菩薩行示大智慧地安立一切法以法
智通神足通幻通自在變化充滿一切法界
廣大如法界究竟如虛空盡未來際一切劫

廣大如法界究竟如虛空盡未來際一切刧
數无有休息佛子菩薩住歡喜地發如是大
誓願如是大勇猛如是大作用以此十願門為
首滿足百萬阿僧祇大願
佛子此大願以十盡句而得成就何等為十所
謂衆生界盡世界盡虛空界盡法界盡涅
槃界盡佛出現界盡如來智界盡心所緣界
盡佛智所入境界界盡世間轉法轉智轉界
盡若衆生界盡我願乃盡若世界乃至世間
轉法轉智轉界盡我願乃盡而衆生界不可
盡乃至世間轉法轉智轉界不可盡故我此大
願善根无有窮盡
佛子菩薩發如是大願已則得利益心柔軟
心隨順心寂靜心調伏心寂滅心謙下心潤澤

心不動心不濁心成淨信者有信功用能信
如來本行所入信成就諸波羅蜜信入諸勝
地信成就力信具足无所畏信生長不可壞
不共佛法信不思議佛法信出生无中邊
佛境界信隨入如來无量境界信成就果舉
要言之信一切菩薩行乃至如來智地說力
故
佛子此菩薩復作是念諸佛正法如是甚深
如是寂靜如是寂滅如是空如是无相如是
无願如是无染如是无量如是廣大而諸凡
夫心墮邪見无明覆翳立憍慢高幢入渴愛
網中行諂誑稠林不能自出心與慳嫉相應
不捨恒造諸趣受生因緣貪恚愚癡積集諸
業日夜增長以忿恨風吹心識火熾然不息

業日夜增長以忿恨風吹心識火熾然不息
凡所作業皆顛倒相應欲流有流无明流見
流相續起心意識種子於三界田中復生苦
牙所謂名色共生不離此名色增長生六處
聚落於中相對生觸觸故生受因受生愛愛
增長故生取取增長故生有有生故有生老
死憂悲苦惱如是衆生生長苦聚是中皆空
離我我所无知无覺无作无受如草木石壁
亦如影像然諸衆生不覺不知菩薩見諸衆
生於如是苦聚不得出離是故即生大悲智
慧復作是念此諸衆生我應救拔置於究竟
安樂之處是故即生大慈光明智
佛子菩薩摩訶薩隨順如是大悲大慈以深
重心住初地時於一切物无所悋惜求佛大

智於行大捨凡是所有一切能施所謂財穀
倉庫金銀摩尼真珠瑠璃珂貝璧玉珊瑚等
物珍寶瓔珞嚴身之具象馬車乘奴婢人民
城邑聚落園林臺觀妻妾男女內外眷屬及
餘所有珍玩之具頭目手足血肉骨髓一切身
分皆无所惜為求諸佛廣大智慧是名菩
薩住於初地大捨成就佛子菩薩以此慈悲
大施心為欲救護一切衆生轉更推求世出
世間諸利益事无疲猒故即得成就无疲猒
心得无疲猒心已於一切經論心无怯弱无
怯弱故即得成就一切經論智獲是智已善
能籌量應作不應作於上中下一切衆生隨
應隨力隨其所習如是而行是故菩薩得成
世智成世智已知時知量以慚愧莊嚴勤修

世智成世智已知時知量以慚愧莊嚴勤修
自利利他之道是故成就慚愧莊嚴於此行
中勤修出離不退不轉成堅固力得堅固力
已勤供諸佛於佛教法能如說行佛子菩薩
如是成就十種淨諸地法所謂信悲慈捨无有
疲猒知諸經論善解世法慚愧堅固力供
養諸佛依教修行
佛子菩薩住此歡喜地已以大願力得見多
佛所謂見多百佛多千佛多百千佛多億佛
多百億佛多千億佛多百千億佛多億那由
他佛多百億那由他佛多千億那由他佛多
百千億那由他佛悉以大心深心恭敬尊重
承事供養衣服飲食臥具醫藥一切資生
悉以奉施亦以供養一切衆僧以此善根皆悉

迴向无上菩提佛子此菩薩因供養諸佛故
得成就衆生法以前二攝攝取衆生謂布施
愛語後二攝法但以信解力故行未善通達
是菩薩十波羅蜜中檀波羅蜜增上餘波羅
蜜非不修行但隨力隨分是菩薩隨所勤修
供養諸佛教化衆生皆以修行清淨地法所
有善根悉以迴向一切智地轉轉明淨調柔成
就隨意堪用佛子辟如金師善巧鍊金數
數入火轉轉明淨調柔成就隨意堪用菩薩
亦復如是供養諸佛教化衆生皆爲修行清
淨地法所有善根悉以迴向一切智地轉轉明
淨調柔成就隨意堪用
佛子菩薩摩訶薩住於初地應從諸佛菩薩
善知識所推求請問於此地中相及得果无

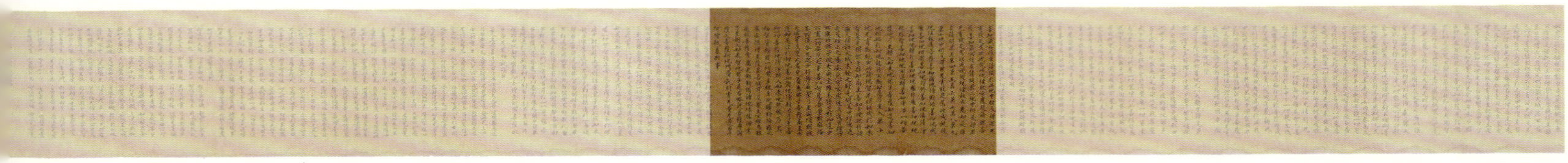

善知識所推求請問於此地中相及得果无
有猒足為欲成就此地法故亦應從諸佛菩
薩善知識所推求請問第二地中相及得果
无有猒足為欲成就彼地法故亦應如是推
求請問第三第四第五第六第七第八第九
第十地中相及得果无有猒足為欲成就彼
地法故是菩薩善知諸地障對治善知地成
壞善知地相果善知地得修善知地法清淨
善知地地轉行善知地地處非處善知地地
殊勝智善知地地不退轉善知淨治一切菩
薩地乃至轉入如來地佛子菩薩如是善知
地相始於初地起行不斷如是乃至入第十
地无有斷絶由此諸地智光明故成於如來
智慧光明佛子譬如商主善知方便欲將諸

商人往詣大城未發之時先問道中功德過
失及住止之處安危可不然後具道資糧作
所應作佛子彼大商主雖未發足能知道中
所有一切安危之事善以智慧籌量觀察備
其所須令无乏少將諸商衆乃至安隱到彼
大城身及衆人悉免憂患佛子菩薩商主亦
復如是住於初地善知諸地障對治乃至善
知一切菩薩地清淨轉入如來地然後乃具
福智資糧將一切衆生經生死曠野險難之
處安隱得至薩婆若城身及衆生不經患難
是故菩薩常應匪懈勤脩諸地殊勝淨業
乃至趣入如來智地佛子是名略說菩薩摩訶
薩入菩薩初地門廣說則有无量无邊百千
阿僧祇差別事

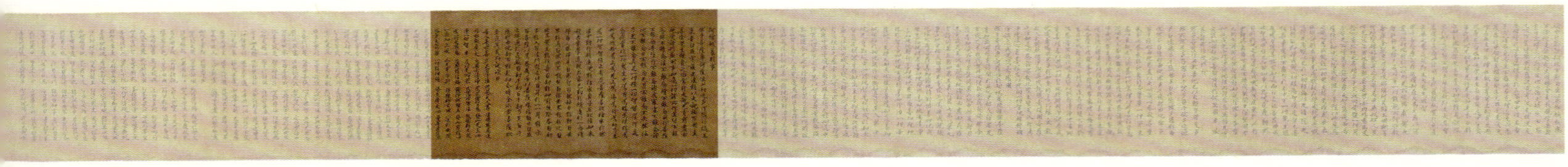

阿僧祇差別事
佛子菩薩摩訶薩住此初地多作閻浮提王
豪貴自在常護正法能以大施攝取衆生
善除衆生慳貪之垢常行大施无有窮盡布
施愛語利益同事如是一切諸所作業皆不離
念佛不離念法不離念僧不離念同行菩薩
不離念菩薩行不離念諸波羅蜜不離念諸
地不離念力不離念无畏不離念不共佛法
乃至不離念具足一切種一切智智復作是
念我當於一切衆生中爲首爲勝爲殊勝爲
妙爲微妙爲上爲无上爲導爲將爲師乃至
爲一切智智依止者是菩薩若欲捨家於佛
法中勤行精進便能捨家妻子五欲依如來
教出家學道既出家已勤行精進於一念頃

得百三昧得見百佛智百佛神力能動百世
界能過百佛世界能照百佛世界能教化百
世界衆生能住壽百劫能知前後際各百劫
事能入百法門能示現百身於一一身能示
百菩薩以爲眷屬若以菩薩殊勝願力自在
示現過於是數百劫千劫百千劫乃至百千
億那由他劫不能數知尒時金剛藏菩薩欲
重宣其義而說頌曰

若人集衆善　具足白淨法　供養天人尊　隨順慈悲道
信解極廣大　志樂亦清淨　爲求佛智慧　發此无上心
淨一切智力　及以无所畏　成就諸佛法　救攝群生衆
爲得大慈悲　及轉勝法輪　嚴淨佛國土　發此最勝心
一念知三世　而无有分別　種種時不同　以示於世間
略說求諸佛　一切勝功德　發生廣大心　量等虛空界

略說求諸佛　一切勝功德　發生廣大心　量等虚空界
悲先慧為主　方便共相應　信解清淨心　如來无量力
无礙智現前　自悟不由他　具足同如來　發此最勝心
佛子始發生　如是妙寶心　則超凡夫位　入佛所行處
生在如來家　種族无瑕點　與佛共平等　決成无上覺
纔生如是心　即得入初地　志樂不可動　譬如大山王
多喜多愛樂　亦復多淨信　極大勇猛心　及以慶躍心
遠離於鬬諍　惱害及瞋恚　慚敬而質直　善守護諸根
救世无等者　所有衆智慧　此處我當得　憶念生歡喜
始得入初地　即超五怖畏　不活死惡名　惡趣衆威德
以不貪著我　及以於我所　是諸佛子等　遠離諸怖畏
常行大慈悲　恒有信恭敬　慚愧功德備　日夜增善法
樂法真實利　不愛受諸欲　思惟所聞法　遠離取著行
不貪於利養　唯樂佛菩提　一心求佛智　專精无異念

修行波羅蜜　遠離諸虛誑　如說而修行　安住實語中
不汙諸佛家　不捨菩薩戒　不樂於世事　常利益世間
修善无猒足　轉求增勝道　如是好樂法　功德義相應
恒起大願心　願見於諸佛　護持諸佛法　攝取大仙道
常生如是願　修行最勝行　成熟諸群生　嚴淨佛國土
一切諸佛剎　佛子悉充遍　平等共一心　所作皆不空
一切毛端處　一時成正覺　如是等大願　无量无邊際
虛空與衆生　法界及涅槃　世間佛出興　佛智心境界
如來智所入　及以三轉盡　彼諸若有盡　我願方始盡
如彼无盡期　我願亦復然
如是發大願　心柔耎調順　能信佛功德　觀察於衆生
知從因緣起　則興慈念心　如是苦衆生　我今應救脫
爲是衆生故　而行種種施　王位及珍寶　乃至象馬車
頭目與手足　乃至身血肉　一切皆能捨　心得无憂悔

[illegible]
頭目與手足　乃至身血肉　一切皆能捨　心得无憂悔
求種種經書　其心无猒倦　善解其義趣　能隨世所行
慙愧自莊嚴　修行轉堅固　供養无量佛　供敬而尊重
如是常修習　日夜无懈倦　善根轉明淨　如火鍊真金
菩薩住於此　淨修於十地　所作无障礙　具足不斷絕
譬如大商主　為利諸商衆　問知道險易　安隱至大城
菩薩住初地　應知亦如是　勇猛无障礙　到於第十地
住於初地中　作大功德王　以法化衆生　慈心无損害
統領閻浮地　化行靡不及　皆令住大捨　成就佛智慧
欲求最勝道　捨已國王位　能於佛教中　勇猛勤修習
則得百三昧　及見百諸佛　振動百世界　光照行亦尒
化百土衆生　入於百法門　能知百劫事　示現於百身
及現百菩薩　以為其眷屬　若自在願力　過是數无量
我於地義中　略述其少分　若欲廣分別　億劫不能盡

菩薩衆勝道　利益諸群生　如是初地行　我今已說竟

大方廣佛華嚴經卷第卌四

BD00491　大方廣佛華嚴經卷三四

大方廣佛華嚴經卷第卅四

BD00491　大方廣佛華嚴經卷三四　（19–19）

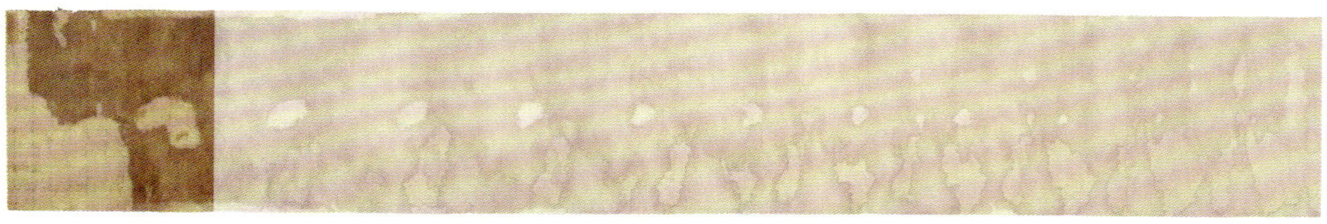

BD00491v　勘記

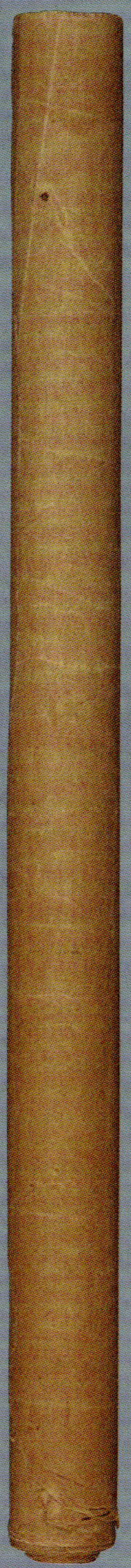

BD00492 金光明經卷二

（北凉）曇無讖 譯

89.5cm × 26.3cm

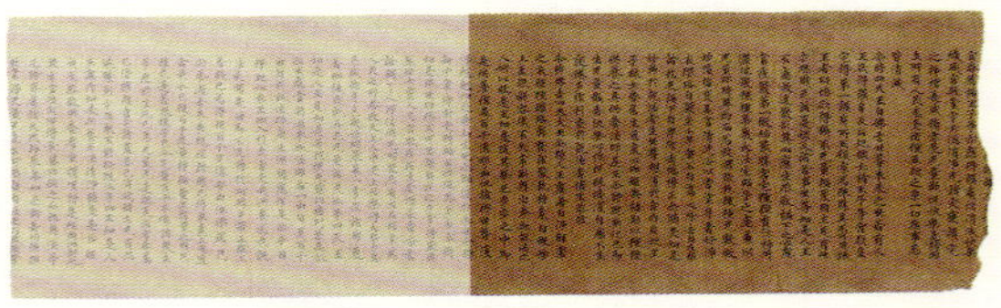

……棒諸反后女……
宮眷屬諸王子等亦應得護衰惱消滅快樂
熾盛宮殿堂宇女隱消淨无諸災變護宅
之神增長威德亦受无量歡悅快樂是諸國
土所有人民悉受種種五欲之樂一切惡事悉
皆消滅
尒時四天王白佛言世尊未來之世若有人
王欲得護身及后妃婇女諸王子等宮殿屋
宅得第一護身所王領宗爲殊勝具不可思議
王者功德欲得攝取无量福聚國土无有他
方怨賊无諸憂惱及諸苦事世尊如是人王
不應放逸散乱其心應生恭敬謙下之心應
當莊嚴第一微妙最勝宮宅種種香汁持用
灑地散種種華敷大法坐師子之座懸以

无量珍琦異物而爲校飾張施種種无數微
妙幢幡寶蓋當清洗浴以香塗身著好淨
衣瓔珞自嚴坐小卑座不自高大除去自在離
諸放逸謙下自卑除去憍慢正念聽受如是
妙典於說法者生世尊想復於宮内后妃王
子婇女眷屬生慈愍心和顔與語勸以種種
供養之具供養法師是王尒時既勸化已即
生无量歡喜快樂心懷悅豫倍復自勵不生
疲惓多作利益於說法者倍生恭敬
尒時佛告四天大王尒時人王應著白淨鮮潔
之衣種種瓔珞齊整莊嚴執持素白微妙
上蓋服餝容儀不失常則躬出奉迎說法之
人何以故是王如是隨其舉足步步之中即
是供養值遇百千億那由他諸佛世尊復

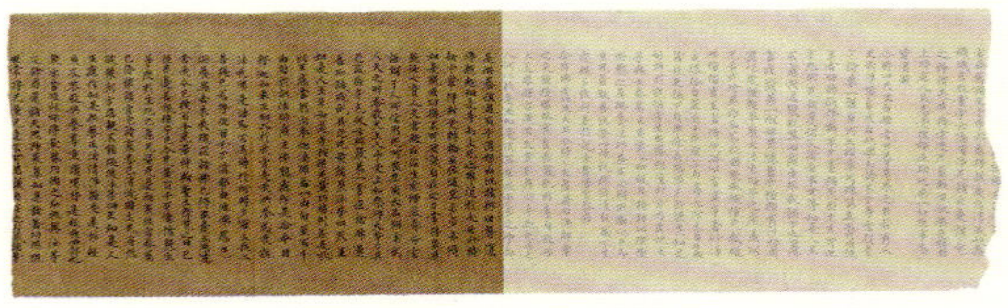

是供養值遇百千億那由他諸佛世尊復
得超越如是等劫生死之難復於來世尒時
劫中常得封受轉輪王位隨其步步亦得
如是現世切德不可思議自在之力常得最勝
殊妙七寶人天宮殿在在生處增益壽命言
語辯了人所信用无所畏忌有大名稱常為
人天之所恭敬天上人中受上妙樂得大勢力具
足威德身色微妙端嚴第一常值諸佛遇
善知識成就具足无量福聚汝等四天王
如是人王見如是等種種无量切德利益是故
此王應當躬出奉迎法師若一由旬至百千
由旬於說法師應生佛想應作是念今日
釋迦如來正知入於我宮受我供養為我說
法我聞是法即不退轉於阿耨多羅三藐三

菩提已為得值百千万億那由他佛為已
供養過去未來現在諸佛已得畢竟三惡道
苦我今已種百千无量轉輪聖王釋梵之因已
種无邊善根種子已令无量百千万億諸衆生
等度於生死已集无量无邊福聚後宮眷屬
已得擁護宮宅諸衰患已消滅國土无有怨
賊棘刺方怨敵不能侵陵汝等四王如是人
王應作如是供養正法清淨聽受是妙經
典及恭敬供養尊重讚嘆持是經典四部之
衆亦當迴此所得最勝功德之分施與汝等
及餘眷屬諸天鬼神聚集如是諸善功德現
世常得无量无邊不可思議自在之利威德勢

BD00493 妙法蓮華經卷二

（後秦）鳩摩羅什 譯

108.5cm × 27.6cm

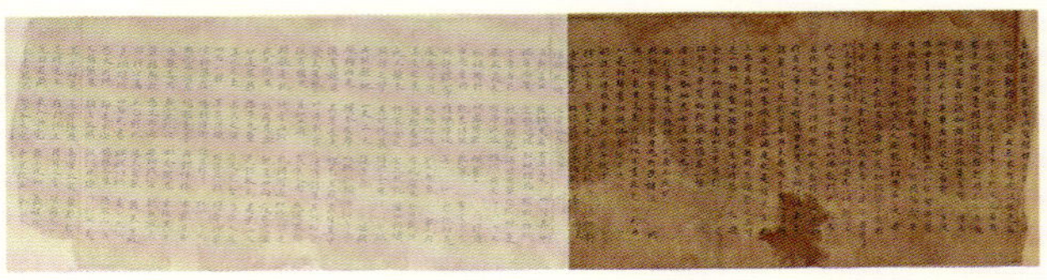

舍利弗若有衆生内有智性從佛世尊聞法
信受慇懃精進欲速出三界自求涅槃是名
聲聞乘如彼諸子為求羊車出於火宅若有
衆生從佛世尊聞法信受慇懃精進求自然
慧樂獨善寂深知諸法因緣是名辟支佛乘
如彼諸子為求鹿車出於火宅若有衆生從
佛世尊聞法信受勤脩精進求一切智佛智
自然智无師智如來知見力无所畏愍念安
樂无量衆生利益天人度脫一切是名大乘
菩薩求此乘故名為摩訶薩如彼諸子為求
牛車出於火宅舍利弗如彼長者見諸子等安隱得
出到無畏處自惟財富无量等
以大車而賜諸子如來亦復如是為一切衆生
之父若見无量億千衆生以佛教門出三界
苦怖畏險道得涅槃樂如來爾時便作是念

我有无量无邊智慧力无畏等諸佛法藏是
諸衆生皆是我子等與大乘不令有人獨得
滅度皆以如来滅度而滅度之是諸衆生脫
三界者悉與諸佛禪定解脫等娛樂之具皆
是一相一種聖所稱歎能生淨妙苐一之樂
舍利弗如彼長者當以三車誘引諸子然後
但與大車寶物莊嚴安隱苐一然彼長者无
虛妄之咎如来亦復如是无有虛妄初說三
乘引導衆生然後但以大乘而度脫之何以
故如来有无量智慧力无所畏諸法之藏能
與一切衆生大乘之法但不盡能受舍利弗
以是因緣當知諸佛方便力故於一佛乘分
別說三佛欲重宣此義而說偈言
譬如長者　有一大宅　其宅久故　而復頓弊
堂舍高危　柱根摧朽　梁棟傾斜　基陛隤毀

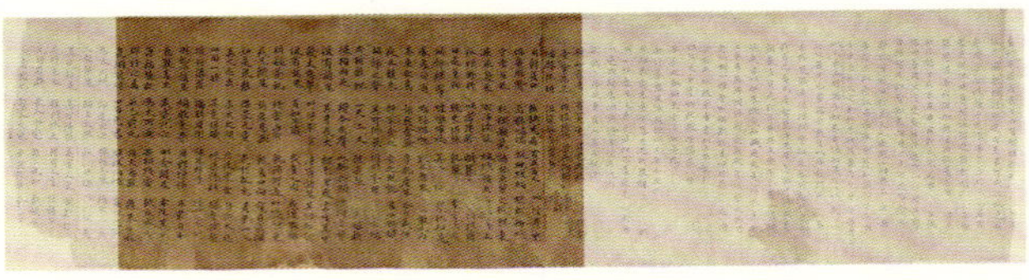

有大長者 有一大宅 其宅久故 而復頓弊
堂舍高危 柱根摧朽 梁棟傾斜 基陛隤毀
牆壁圮坼 泥塗褫落 覆苫亂墜 椽梠差脫
周障屈曲 雜穢充遍 有五百人 止住其中
鵄梟鵰鷲 烏鵲鳩鴿 蚖蛇蝮蝎 蜈蚣蚰蜒
守宮百足 狖狸鼷鼠 諸惡虫輩 交橫馳走
屎尿臭處 不淨流溢 蜣蜋諸虫 而集其上
狐狼野干 咀嚼踐蹋 嚌齧死屍 骨肉狼藉
由是群狗 競來搏撮 飢羸慞惶 處處求食
鬪諍摣掣 啀喍嘷吠 其舍恐怖 變狀如是
處處皆有 魑魅魍魎 夜叉惡鬼 食噉人肉
毒虫之屬 諸惡禽獸 孚乳產生 各自藏護
夜叉競來 爭取食之 食之既飽 惡心轉熾
鬪諍之聲 甚可怖畏 鳩槃荼鬼 蹲踞土埵
或時離地 一尺二尺 往返遊行 縱逸嬉戲

捉狗兩足 撲令失聲 以脚加頸 怖狗自樂
復有諸鬼 其身長大 裸形黑瘦 常住其中
發大惡聲 叫呼求食 復有諸鬼 其咽如針
復有諸鬼 首如牛頭 或食人肉 或復噉狗
頭髮蓬亂 殘害凶險 飢渴所逼 叫喚馳走
夜叉餓鬼 諸惡鳥獸 飢急四向 窺看窓牖
如是衆難 恐畏无量 是朽故宅 屬于一人
其人近出 未久之間 於後宅舍 忽然火起
四面一時 其炎俱熾 棟梁椽柱 爆聲震裂
摧折墮落 墻壁崩倒 諸鬼神等 揚聲大叫
鵰鷲諸鳥 鳩槃荼等 周章惶怖 不能自出
惡獸毒虫 藏竄孔穴 毗舍闍鬼 亦住其中
薄福德故 為火所逼 共相殘害 飲血噉肉
野干之屬 並已前死 諸大惡獸 競來食噉
臭烟熢㶿

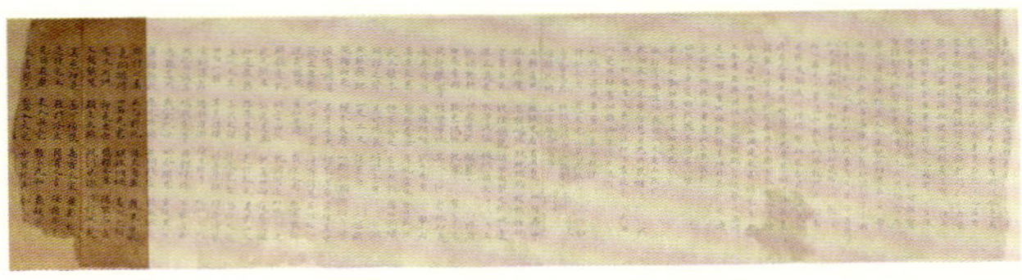

野干之屬　並已前死　諸大惡獸　競來食噉
臭烟熢㶿　四面充塞　蜈蚣蚰蜒　毒虵之類
為火所燒　爭走出穴　鳩槃荼鬼　隨取而食
又諸餓鬼　頭上火然　飢渴熱惱　周章悶走
其宅如是　甚可怖畏　毒害火災　衆難非
是時宅主　在門外立　聞有人言　汝諸子等
先因遊戲　來入此宅　稚小无知　歡娛樂
長者聞已　驚入火宅　方宜救濟　令无燒

BD00494 維摩詰所說經卷下

（後秦）鳩摩羅什 譯

744.5cm × 25cm

言大衆无乃
言勿輕未學於是維摩詰
前化作菩薩相好光明威德
而告之曰汝往上方界分度如卌二
佛土有國名衆香佛号香積與諸菩
坐食汝往到彼如我辭曰維摩詰稽首
足下致敬无量問訊起居少病少惱
不願得世尊所食之餘當於娑婆世
佛事令此樂小法者得弘大道亦使
聲普聞時化菩薩即於會前昇于上方舉衆
皆見其去到衆香界礼彼佛足又聞其言
維摩詰稽首世尊足下致敬无量問訊起居
少病少惱氣力安不願得世尊所食之餘欲
於娑婆世界施作佛事使此樂小法者得

大道亦得如来名聲普聞彼諸大士見化菩
薩歎未曾有今此上人從何所来娑婆世界
爲在何許云何名爲樂小法者即以問佛佛
告之曰下方度如卌二恒河沙佛土有世界
名娑婆佛号釋迦牟尼今現在於五濁惡世
爲樂小法衆生敷演道教彼有菩薩名維摩
詰住不可思議解脫爲諸菩薩說法故遣化
来稱揚我名并讚此土令彼菩薩增益功德
彼菩薩言其人何如乃作是化德力无畏神
足若斯佛言甚大一切十方皆遣化往施作
佛事饒益衆生於是香積如来以衆香鉢盛
滿香飯與化菩薩時彼九百万菩薩俱發聲
言我欲詣娑婆世界供養釋迦牟尼佛并欲
見維摩詰等諸菩薩衆佛言可往攝汝身香
无令彼諸衆生起惑著心又當捨汝本形勿

BD00494　維摩詰所説經卷下

无令彼諸衆生起惑著心又當捨汝本形勿
使彼國求菩薩者而自鄙恥又汝於彼莫懷
輕賤而作閡想所以者何十方國土皆如虛
空又諸佛為欲化諸樂小法者不盡現其清
淨土耳時化菩薩既受鉢飯與彼九百万菩
薩俱承佛威神及維摩詰力於彼世界忽然
不現須臾之閒至維摩詰舍維摩詰即化作
九百万師子之座嚴好如前諸菩薩皆坐其
上化菩薩以滿鉢香飯與維摩詰飯香普薰
毗耶離城及三千大千世界時毗耶離婆羅
門居士等聞是香氣身意快然歎未曾有於
是長者主月蓋從八万四千人來入維摩詰舍
見其室中菩薩甚多諸師子座高廣嚴好皆
大歡喜礼衆菩薩及大弟子却住一面諸地神
虛空神及欲色界諸天聞此香氣亦皆來入

維摩詰舍時維摩詰語舍利弗等諸大聲聞
仁者可食如來甘露味飯大悲所熏无以限
意食之使不消也有異聲聞念是飯少而此
大衆人人當食化菩薩曰勿以聲聞小德小
智稱量如來无量福慧四海有竭此飯无盡
使一切人食揣若須弥乃至一劫猶不能盡所
以者何无盡戒定慧解脫解脫知見功德具足
者所食之餘終不可盡於是鉢飯悉飽衆會
猶故不賜其諸菩薩聲聞天人食此飯者身
安快樂譬如一切樂莊嚴國諸菩薩也又諸
毛孔皆出妙香亦如衆香國土諸樹之香
尒時維摩詰問衆香菩薩香積如來以何說
法彼菩薩曰我土如來无文字說但以衆香
令諸天人得入律行菩薩各各坐香樹下聞
斯妙香即獲一切德藏三昧得是三昧者菩
薩所有功德皆悉具足

BD00494　維摩詰所説經卷下

斯妙香即獲一切德藏三昧得是三昧者菩
薩所有功德皆悉具足彼諸菩薩問維摩詰
今世尊釋迦牟尼以何說法維摩詰言此土
衆生剛强難化故佛為說剛强之語以調伏
之言是地獄是畜生是餓鬼是諸難處是愚
人生處是身邪行是身邪行報是口邪行是
口邪行報是意邪行是意邪行報是煞生是煞
生報是不與取是不與取報是邪婬是邪婬
報是妄語是妄語報是兩舌是兩舌報是惡
口是惡口報是无義語是无義語報是貪嫉
是貪嫉報是瞋惱是瞋惱報是邪見是邪見
報是慳悋是慳悋報是毀戒是毀戒報是瞋
恚是瞋恚報是懈怠是懈怠報是亂意是
亂意報是愚癡是愚癡報是結戒是持戒是
犯戒是應作是不應作是鄣閡是不鄣閡是

得罪是離罪是淨是垢是有漏是无漏是耶
道是正道是有為是无為是世間是涅槃以
難化之人心如猨猴故以若干種法制御其
心乃可調伏譬如象馬𢤱悷不調加諸楚毒
乃至徹骨然後調伏如是剛強難化衆生故
以一切苦切之言乃可入律彼諸菩薩聞說
是已皆曰未曾有也如世尊釋迦牟尼佛隱
其无量自在之力乃以貧所樂法度脫衆生
斯諸菩薩亦能勞謙以无量大悲生是佛土
維摩詰言此土菩薩於諸衆生大悲堅固誠
如所言然其一世饒益衆生多於彼國百千
劫行所以者何此娑婆世界有十事善法諸
餘淨土之所无有何等為十以布施攝貧窮
以淨戒攝毀禁以忍辱攝瞋恚以精進攝懈
怠以禪定攝亂意以智慧攝愚癡說除難法
度八難者以大乘法度樂小乘者以諸善根濟无德者

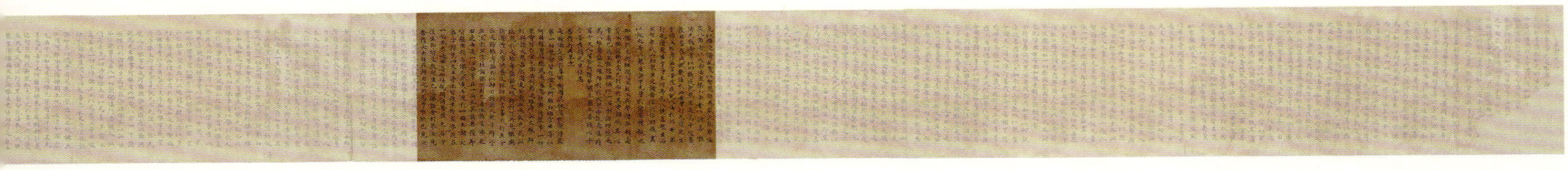

息以禪定攝亂意以智慧攝愚癡說除難法
度八難者以大乘法度樂小乘者以諸善根
濟无德者常以四攝成就衆生是爲十彼菩
薩曰菩薩成就幾法於此世界行无瘡疣生
于淨土維摩詰言菩薩成就八法於此世界
行无瘡疣生于淨土何等爲八饒益衆生而
不望報代一切衆生受諸苦惱所作功德盡
以施之等心衆生謙下无导於諸菩薩視之
如佛所未聞經聞之不疑不與聲聞而相違
背不嫉彼供不高己利而於其中調伏其心
常省己過不訟彼短恒以一心求諸功德是
爲八維摩詰文殊師利於大衆中說是法時
百千天人皆發阿耨多羅三藐三菩提心十
千菩薩得无生法忍

菩薩行品第十一

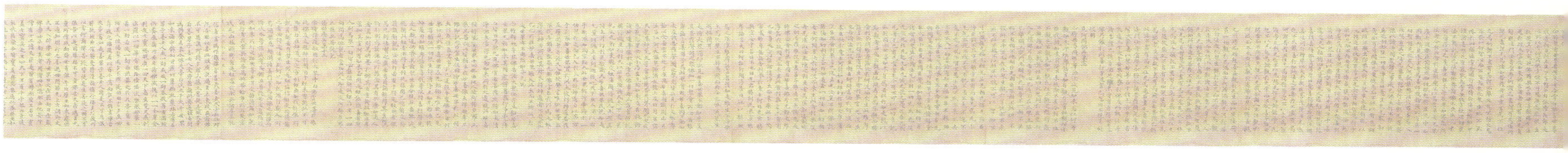

是時佛說法於菴羅樹園其地忽然廣博嚴
事一切衆會皆作金色阿難白佛言世尊以
何因緣有此瑞應是處忽然廣博嚴事一切
衆會皆作金色佛告阿難是維摩詰文殊師
利與諸大衆恭敬圍遶發意欲來故先為此
瑞應於是維摩詰語文殊師利可共見佛與
諸菩薩礼事供養文殊師利言善哉行矣今
正是時維摩詰即以神力持諸大衆并師子
座置於右掌往詣佛所到已著地稽首佛足
右遶七匝一心合掌在一面立其諸菩薩即
皆避坐稽首佛足亦遶七匝於一面立諸大
弟子釋梵四天王等亦皆避坐稽首佛足在
一面立於是世尊如法慰問諸菩薩已各令
復坐即皆受教衆坐已定佛語舍利弗汝見
菩薩大士自在神力之所為乎唯然已見汝

BD00494　維摩詰所說經卷下

[illegible]
菩薩大士自在神力之所爲乎唯然已見汝
意云何世尊我覩其爲不可思議非意所圖
非度所測尒時阿難白佛言世尊今所聞香
自昔未有是爲何香佛告阿難是彼菩薩毛
孔之香於是舍利弗語阿難言我等毛孔亦
出是香阿難言此所從來曰是長者維摩詰
從衆香國取佛餘飯於舍食者一切毛孔皆
香若此阿難問維摩詰是香氣住當久如維
摩詰言至此飯消曰此飯久如當消曰此飯勢
力至于七日然後乃消又阿難若聲聞人
未入正位食此飯者得入正位然後乃消已
入正位食此飯者得心解脱然後乃消若未
發大乘意食此飯者至發意乃消已發意食
此飯者得无生忍然後乃消已得无生忍食

此飯者至一生補處然後乃消譬如有藥名
日上味其有服者身諸毒滅然後乃消此飯
如是滅除一切諸煩惱毒然後乃消阿難白
佛言未曾有也世尊如此香飯能作佛事佛
言如是如是阿難或有佛土以佛光明而作
佛事有以諸菩薩而作佛事有以佛所化人
而作佛事有以菩提樹而作佛事有以佛衣
服卧具而作佛事有以飯食而作佛事有以
園林臺觀而作佛事有以卅二相八十隨形
好而作佛事有以佛身而作佛事有以虛空
而作佛事衆生應以此緣得入律行有以夢
幻影響鏡中像水中月熱時炎如是等喻而
作佛事有以音聲語言文字而作佛事或有
清淨佛土寂漠无言无說无示无識无作无
爲而作佛事如是阿難諸佛威儀進止諸所

爲而作佛事如是阿難諸佛威儀進止諸所
施爲无非佛事阿難有此四魔八万四千諸
煩惱門而諸衆生爲之疲勞諸佛即以此法
而作佛事是名入一切諸佛法門菩薩入此
門者若見一切淨妙佛土不以爲喜不貪不
髙若見一切不淨佛土不以爲憂不㝵不沒
但於諸佛生清淨心歡喜恭敬未曾有也諸
佛如來功德平等爲教化衆生故而現佛土
不同阿難汝見諸佛國土地有若干而虛空
无若干也如是見諸佛色身有若干耳其无
㝵慧无若干也阿難諸佛色身威相種性戒
定智慧解脫解脫知見力无所畏不共之法大
慈大悲威儀所行及其壽命說法教化成就
衆生淨佛國土具諸佛法悉皆同等是故名
爲三藐三佛陁名爲多陁阿伽度名爲佛陁

阿難若我廣言此三句義汝以劫壽不能盡受
正使三千大千世界滿中衆生皆如阿難多
聞第一得念總持此諸人等以劫之壽亦不
能受如是阿難諸佛阿耨多羅三藐三菩提
无有限量智慧辯才不可思議阿難白佛言
我從今已後(往)不敢自謂以為多聞佛告阿難勿
起退意所以者何我說汝於聲聞中為冣多
聞非謂菩薩且止阿難其有智者不應限度
諸菩薩也一切海渕尚可測量菩薩禪定智
慧總持辯才一切功德不可量也阿難汝等
捨置菩薩所行是維摩詰一時所現神通之
力一切聲聞辟支佛於百千劫盡力變化所
不能作
尒時衆香世界菩薩來者合掌白佛言世尊
我等初見此土生下劣想今自悔責捨離是

我等初見此土生下劣想今自悔責捨離是
心所以者何諸佛方便不可思議為度衆生
故隨其所應現佛國異唯然世尊願賜少法
還於彼土當念如來佛告諸菩薩有盡无盡
解脫法門汝等當學何謂為盡謂有為法何
謂无盡謂无為法如菩薩者不盡有為不住
无為何謂不盡有為謂不離大慈不捨大悲
深發一切智心而不忽忘教化衆生終不猒
惓於四攝法常念順行護持正法不惜軀命
種諸善根无有疲猒志常安住方便迴向求
法不懈說法无悋勤供養諸佛不畏生死於
諸榮辱心无憂喜不輕未學敬學如佛墮煩
惱者令發正念於遠離樂不以為貴不著己樂
慶於彼樂在諸禪定如地獄想於生死中如
園觀想見來求者為善師想捨諸所有具一

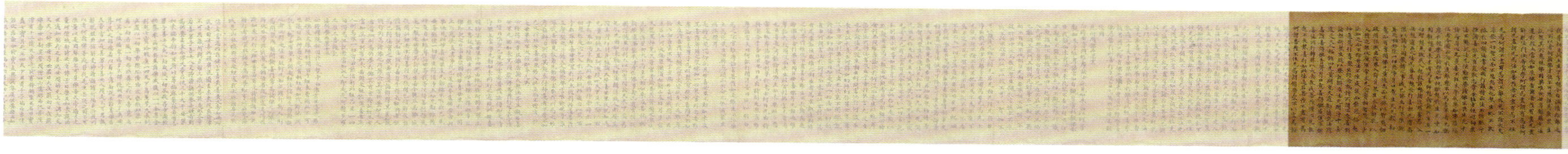

切智想於毀戒人起救護想諸波羅蜜為父
母想道品之法為眷屬想發行善根无有齊
限以諸淨國嚴飾之事成已佛土行不限施
具足相好除一切惡淨身口意生死无數劫
意而有勇聞佛无量德志而不倦以智慧劒
破煩惱賊出陰界入荷負衆生永使解脫以
大精進摧伏魔軍常求无念實相智慧行少
欲知足而不捨世法不壞威儀而能隨俗起
神通慧引導衆生得念摠持所聞不忘善別
諸根斷衆生疑以樂說辯演法无閡淨十善
道受天人福脩四无量開梵天道勸請說法隨
喜讚善得佛音聲身口意善得佛威儀深脩
善法所行轉勝以大乘教成菩薩僧心无放
逸不失衆善行如此法是名菩薩不盡有為
何謂菩薩不住无為謂脩學空不以空為證

逸不失衆善行如此法是名菩薩不盡有爲
何謂菩薩不住无爲謂脩學空不以空爲證
脩學无想无作不以无想无作爲證脩學无
起不以无起爲證觀於无常而不猒善本觀世
間苦而不惡生死觀於无我而誨人不惓觀於
寂滅而不永寂滅觀於遠離而身心脩善觀
无所歸而歸起善法觀於无生而以生法荷
負一切觀於无漏而不斷諸漏觀无所行而
以行法教化衆生觀於空无而不捨大悲觀
正法位而不隨小乘觀諸法虛妄无牢无人
无主无相本願未滿而不虛福德禪定智慧
脩如此法是名菩薩不住无爲又具福德故不
住无爲具智慧故不盡有爲大慈悲故不住
无爲滿本願故不盡有爲集法藥故不住无
爲隨授藥故不盡有爲知衆生病故不住无

爲滅衆生病故不盡有爲諸正士菩薩已脩
此法不盡有爲不住无爲是名盡无盡解脫
法門汝等當學尒時彼諸菩薩聞說是法
皆大歡喜以衆妙華若干種色若干種香
散遍三千大千世界供養於佛及此經法并
諸菩薩已稽首佛足歎未曾有言釋迦牟尼
佛乃能於此善行方便言已忽然不現還到
彼國
見阿閦佛品第十二
尒時世尊問維摩詰汝欲見如來爲以何等
觀如來乎維摩詰言如自觀身實相觀佛亦
然我觀如來前際不來後際不去今則不住
不觀色不觀色如不觀色性不觀受想行識
不觀識如不觀識性非四大起同於虛空六
入无積眼耳鼻舌身心已過不在三界三垢

入无積眼耳鼻舌身心已過不在三界三垢
已離順三脫門三明與无明等不一相不異
相不自相不他相非无相非取相不此岸不
彼岸不中流而教化衆生觀於寂滅亦不永
滅不此不彼不以此不以彼不可以智知不
可以識識无晦无明无名无相无強无弱非
淨非穢不在方不離方非有為非无為无示
无說不施不慳不戒不犯不忍不恚不進不
怠不定不亂不智不愚不誠不欺不来不去
不出不入一切言語道斷非福田非不福田
非應供養非不應供養非取非捨非有相非无
相同真際等法性不可稱不可量過諸稱量
非大非小非見非聞非覺非知離衆結縛等
諸智同衆生於諸法无分别一切无失无濁
无惱无作无起无生无滅无畏无憂无喜无厭

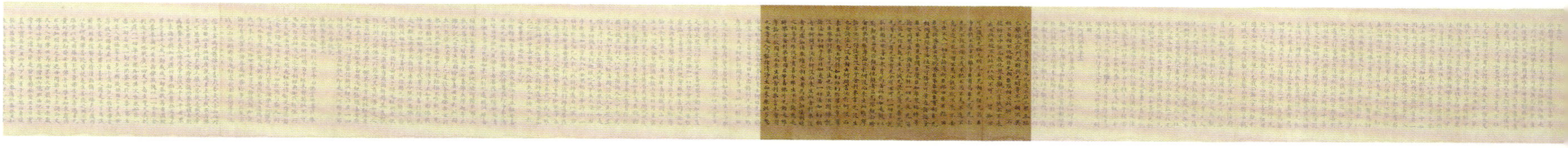

无著无已有无當有无今有不可以一切言說
分别顯示世尊如来身爲若此作如是觀以
斯觀者名爲正觀若他觀者名爲邪觀尒時
舍利弗問維摩詰汝於何没而来生此維摩
詰言汝所得法有没生乎舍利弗言无没生
也若諸法无没生相云何問言汝於何没而
来生此於意云何譬如幻師幻作男女寧有
没生耶舍利弗言无没生也汝豈不聞佛說
諸法如幻相乎荅曰如是若一切法如幻相
者云何問言汝於何没而来生此舍利弗没
者爲虛誑法敗壞之相生者爲虛誑法相續
之相菩薩雖没不盡善本雖生不長諸惡是
時佛告舍利弗有國名妙喜佛号无動是維
摩詰於彼國没而来生此舍利弗言未曾有
也世尊是人乃能捨清淨土而来樂此多怒

BD00494 維摩詰所説經卷下

摩詰[illegible]
也世尊是人乃能捨清淨土而来樂此多怒
害處維摩詰語舍利弗於意云何日光出時
與冥合乎荅曰不也日光出時則无衆冥維
摩詰言夫日何故行閻浮荅曰欲以明照
爲之除冥維摩詰言菩薩如是雖生不淨佛
土爲化衆生不與愚闇而共合也但滅衆生
煩惱闇耳
是時大衆渴仰欲見妙喜世界不動如来及
其菩薩聲聞之衆佛知一切衆會所念告維
摩詰言善男子爲此衆會現妙喜國不動如
来及諸菩薩聲聞之衆悉皆欲見於是維摩
詰心念吾當不起于座接妙喜國鐵圍山川
溪谷江河大海泉源須弥諸山及日月星宿
天龍鬼神梵天等宮并諸菩薩聲聞之衆

邑聚落男女大小乃至无動如來及菩提樹
諸妙蓮華能於十方作佛事者三道寶階從
閻浮提至忉利天以此寶階諸天來下悉爲
礼敬无動如來聽受經法閻浮提人亦登其
階上昇忉利見彼諸天妙喜世界成就如是
无量功德上至阿迦膩吒天下至水際以右
手斷取如陶家輪入此世界猶持華鬘示一
切衆作是念已入於三昧現神通力以其右
手斷取妙喜世界置於此土彼得神通菩薩
及聲聞衆并餘天人俱發聲言唯然世尊誰
取我去願見救護无動佛言非我所爲是維
摩詰神力所作其餘未得神通者不覺不知
已之所往妙喜世界雖入此土而不增減 於
是世界亦不迫隘如本无異
尒時釋迦牟尼佛告諸大衆汝等且觀妙喜

BD00494　維摩詰所説經卷下

尒時釋迦牟尼佛告諸大衆汝等且觀妙喜
世界无動如来其國嚴飾菩薩行淨弟子清
白皆曰唯然已見佛言若菩薩欲得如是清
淨佛土當學无動如来所行之道現此妙喜
國時娑婆世界十四那由他人發阿耨多羅三
藐三菩提心皆願生於妙喜佛土釋迦牟尼
佛即記之曰當生彼國時妙喜世界於此國
土所應饒益其事訖已還復本處佛告舍利
弗汝見此妙喜世界及无動佛不唯然已見
世尊願使一切衆生得清淨土如无動佛獲
神通力如維摩詰世尊我等快得善利得見
是人親近供養其諸衆生若今現在若佛滅
後聞此經者亦得善利况復聞已信解受持
讀誦解說如法脩行若有手得是經典者便
爲已得法寶之藏若有讀誦解釋其義如說

佛復則為說佛之所說念其有供養如是人
者當知則為供養於佛其有書持此經卷者
當知其室則有如来若聞是經能隨喜者斯
人則為取一切智若能信解此經乃至一四
句偈為他說者當知此人即是受阿耨多羅
三藐三菩提記

法供養品第十三

尒時釋提桓因於大衆中白佛言世尊我雖
從佛及文殊師利聞百千經未曾聞此不可
思議自在神通決定實相經典如我解佛所
說義趣若有衆生聞是經法信解受持讀誦
之者必得是法不疑何況如說脩行斯人則
為閉衆惡趣開諸善門常為諸佛之所護念
降伏外學摧滅魔怨脩治菩提安處道場履
践如来所行之跡世尊若有受持讀誦如說

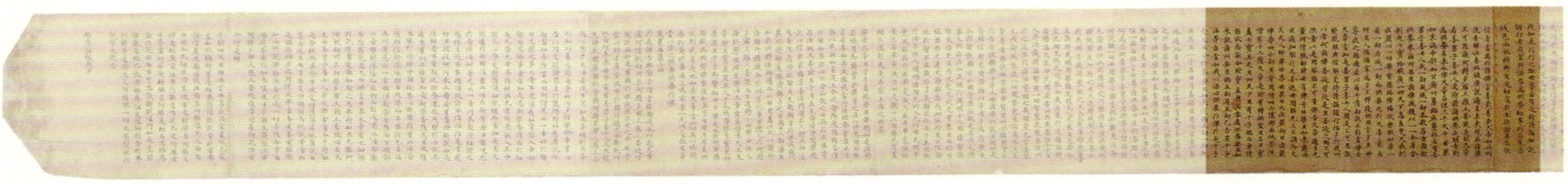

踐如來所行之跡世尊若有受持讀誦如說
脩行者我當與諸眷屬供養給事所在聚落
城邑山林曠野有是經處我亦與諸眷屬聽
受法故共到其所其未
信者當為作護佛言善哉善哉天帝如汝所
說吾助汝喜此經廣說過去未來現在諸佛
不可思議阿耨多羅三藐三菩提是故天帝
若善男子善女人受持讀誦供養是經者則
為供養去來今佛天帝正使三千大千世界
如來滿中譬如甘蔗竹葦稻麻叢林若有善
男子善女人或一劫或減一劫恭敬尊重讚歎
供養奉諸所安至諸佛滅後以一一全身舍
利起七寶塔縱廣一四天下高至梵天表刹
莊嚴以一切華香瓔珞幢幡伎樂微妙第一
若一劫若減一劫而共養之於天帝意云

何其人殖福寧爲多不釋提桓因言甚多世
尊彼之福德若以百千億劫說不能盡佛告
天帝當知是善男子善女人聞是不可思議
解脫經典信解受持讀誦脩行福多於彼所
以者何諸佛菩提皆從是生菩提之相不可
限量以是因緣福不可量佛告天帝過去无
量阿僧祇劫時世有佛号曰藥王如來應供
正遍知明行足善逝世間解无上士調御丈
夫天人師佛世尊世界曰大莊嚴劫曰莊嚴
佛壽廿小劫其聲聞僧卅六億那由他菩薩
僧有十二億天帝是時有轉輪聖王名曰寶
蓋七寶具足王四天下王有千子端正勇健
能伏怨敵尒時寶蓋與其眷屬供養藥王如
來施諸所安至滿五劫過五劫已告其千子
汝等亦當如我以深心供養於佛於是千子

汝等亦當如我以深心供養於佛於是千子
受父王命供養藥王如來復滿五劫一劫施
安其王一子名曰月盖獨坐思惟寧有供養
殊過此者以佛神力空中有天曰善男子法
之供養勝諸供養即問何謂法之供養天曰
汝可往問藥王如來當廣為汝說法之供養
即時月盖王子行詣藥王如來稽首佛足却
住一面白佛言世尊諸供養中法供養勝云
何為法供養佛言善男子法供養者謂諸佛
所說經一切世間難信難受微妙難見清淨
无染非但分別思惟之所能得菩薩法藏所
攝陁羅尼印印之至不退轉成就六度善分
別義順菩提法衆經之上入大慈悲離衆魔事
及諸邪見順因緣法无我无人无衆生无壽命
空无相无作无起能令衆生坐於道場而轉

法轉諸天龍神乾闥婆等所共歎譽能令衆生
入佛法藏攝諸賢聖一切智慧說衆菩薩所
行之道依於諸法實相之義明宣无常苦空
无我寂滅能救一切毀禁衆生諸魔外道及
貪著者能使怖畏諸佛賢聖所共稱歎背生
死苦示涅槃樂十方三世諸佛所說若聞如是
等經信解受持讀誦以方便力為諸衆生
分別解說顯示分明守護法故是名法之供
養又於諸法如說修行隨順十二因緣離諸
邪見得无生忍決定无我无有衆生而於因
緣果報无違无諍離諸我所依於義不依語
依於智不依識依了義經不依不了義經依
於法不依人隨順法相无所入无所歸无明畢
竟滅故諸行亦畢竟滅乃至生畢竟滅故
老死亦畢竟滅作如是觀十二因緣无有盡

BD00494　維摩詰所說經卷下

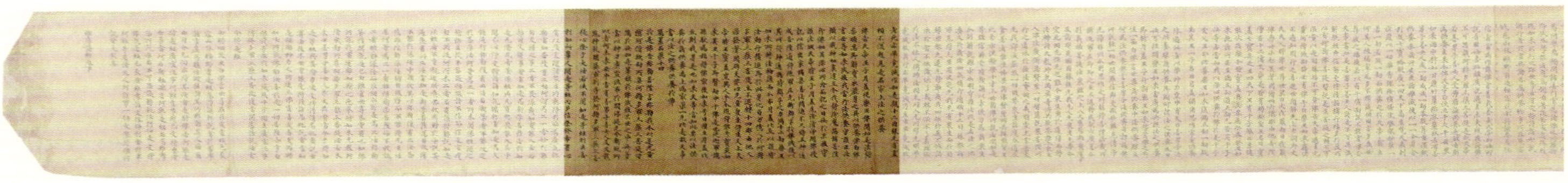

老死亦畢竟滅作如是觀十二因緣无有盡
相不復起見是名最上法之供養
佛告天帝王子月蓋從藥王佛聞如是法得
柔順忍即解寶衣嚴身之具以供養佛白佛
言世尊如來滅後我當行法供養守護正法
願以威神加哀建立令我得降魔怨脩菩薩
行佛知其深心所念而記之曰汝於末後守
護法城天帝時王子月蓋見法清淨聞佛授
記以信出家脩集善法精進不久得五神通
成菩薩道得陁羅尼无斷辯才於佛滅後以
其所得神通揔持辯才之力滿十小劫藥王
如來所轉法輪隨而分布月蓋比丘以護持
法勤行精進即於此身化百万億人於阿耨
多羅三藐三菩提立不退轉十四那由他人
深發聲聞辟支佛心无量衆生得生天上天

帝時王寶蓋豈異人乎今現得佛號寶炎如
來其王千子即賢劫中千佛是也從迦羅鳩
孫䭾為始得佛最後如來号曰樓至月蓋比
丘則我身是也如來天帝當知此要以法供
養於諸供養為上為最第一无比是故天帝
當以法之供養供養於佛

囑累品第十四

於是佛告弥勒菩薩言弥勒我今以是无量
億阿僧祇劫所集阿耨多羅三藐三菩提付
囑於汝如是輩經於佛滅後末世之中汝等
當以神力廣宣流布於閻浮提无令斷絶所
以者何未來世中當有善男子善女人及天龍
鬼神乾闥婆羅刹等發阿耨多羅三藐三菩
提心樂于大法若使不聞如是等經則失善
利如此輩人聞是等經必多信樂發希有心

持心樂于大法若使不聞如是等經則失善
利如此輩人聞是等經必多信樂發希有心
當以頂受隨諸衆生所應得利而為廣說彌
勒當知菩薩有二相何謂為二一者好於雜
句文飾之事二者不畏深義如實能入若好
雜句文飾事者當知是為新學菩薩若於如
是无染无著甚深經典无有恐畏能入其中
聞已心淨受持讀誦如說脩行當知是為久
脩道行彌勒復有二法名新學者不能決定
於甚深法何等為二一者所未聞深經聞之
驚怖生疑不能隨順毀謗不信而作是言我
初不聞從何所來二者若有護持解說如是
深經者不肯親近供養恭敬或時於中說其
過惡有此二法當知是新學菩薩為自毀傷

不能於深法中調伏其心彌勒復有二法菩
薩雖信解深法猶自毀傷而不能得无生法
忍何等為二一者輕慢新學菩薩而不教誨
二者雖解深法而取相分別是為二法弥勒
菩薩聞說是已白佛言世尊未曾有也如佛
所說我當遠離如斯之惡奉持如來无數阿
僧祇劫所集阿耨多羅三藐三菩提法若未
來世善男子善女人求大乘者當令手得如
是等經與其念力使受持讀誦為他廣說世
尊若後末世有能受持讀誦為他說者當知
是弥勒神力之所建立佛言善哉善哉弥勒
如汝所說佛助汝喜於是一切菩薩合掌白
佛我等亦於如來滅後十方國土廣宣流布
阿耨多羅三藐三菩提復當開導諸說法者

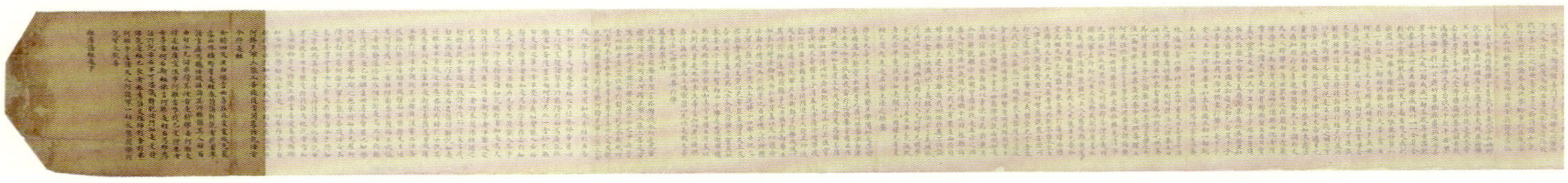

佛我等亦於如來滅後十方國土廣宣流布
阿耨多羅三藐三菩提復當開導諸說法者
令得是經
尒時四天王白佛言世尊在在處處城邑聚
落山林曠野有是經卷讀誦解說者我當率
諸官屬為聽法故往詣其所擁護其人面百
由旬令无伺求得其便者是時佛告阿難受
持是經廣宣流布阿難言唯我已受持要者
世尊當何名斯經佛言阿難是經名為維摩
詰所說亦名不可思議解脫法門如是受持
佛說是經已長者維摩詰文殊師利舍利弗
阿難等及諸天人阿脩羅一切大衆聞佛所
說皆大歡喜

維摩詰經卷下

BD00495

瑜伽師地論卷三二

彌勒菩薩 説

（唐）玄奘 譯

412.5cm×30.2cm

瑜伽師地論卷卅二　彌勒菩薩說　沙門玄奘奉　詔譯

[illegible]第十三第三瑜伽處之三

云何[illegible]作意　始修業者隨所修業立一心境性時

已得初脩證於斷喜樂心境性謂善通達一脩彼瑜伽師最初於彼依瑜伽

行初脩業者如是教誨善來賢首汝等今者應依三種取相

四光明相五了別事相聞因緣或見或聞或心比度謂上所取五種

相一厭離相二欣樂相三過患相若依瑜伽行初脩業者是其貪

行由不淨觀方可調伏云何教彼取五種相答應如是教誨善

來賢首汝等隨所依止彼彼聚落村邑而住於中若聞所餘

彼彼村邑[illegible]樂後盡過若居或彼男女自遭重

邑身遭際亡無病命終殞沒或彼男女所有知識戚眷屬遭如

是若或彼聚落村邑身遭無失財寶或是他來偶殺所作或火所

[illegible]

失或由家長所有衰失若汝現見非是傳聞或即於此村邑聚落
落非是所餘村邑聚落或非是此村邑聚落亦非他人即汝自身先
所歷種種利樂受後還退失廣說如前汝既如是聞已見已應
當生起深心厭患如是生死甚為重苦所得自體極大艱難
辛所於其中有如是等自他衰損差別可得謂病衰損壽
命衰損眷屬衰損財寶衰損病病法性復有顛違戒
衰損一心見衰損由是因緣彼諸眾生於現法中住諸苦
惱於當來世往諸惡趣諸興盛者雖現法中住諸安樂於
當來世往諸善趣所是无常於彼无常現可證得若有
顧戀興盛事者後時衰損定當現前諸有顧戀衰損事
者後時興盛難可現前諸興盛事皆是難得易失壞法如是
汝應深心厭患極善作意如理受持如是處所難可保信
我今於是生死流轉未般涅槃未解脫心難可保信如是衰損

我今於是生死流轉未般涅槃未解脫心難可保信如是乘積
興盛二法勿現我前勿使因緣令我隨在如是處所生起
猛利堅強羞恥不適意憂即由此事增上力故我當全
護喜樂於斯循不放逸又我如是多安住故當於无義
能作自邊際如是汝應善御住意如理受持汝今如是
猒離相已復應精懃取欣樂相當自觀察所受尸羅為
善清淨為不清淨我我失念或不恭敬或多煩惱或由无
知於諸學處有所違犯既違犯已我當如法以本性增
上意樂於諸學處發起深心更不毀犯我於所作當正應作於
非所作一不復當作以要言之於諸學處當令增上意樂圓滿
亦令所有加行圓滿汝於如是正觀察時若自了知戒蘊清淨
雖不作思我當發起清淨无悔然其法尒尸羅淨者定生知
是清淨无悔若起如是清淨无悔雖不作思我起歡悅然其
法尒无有悔者定生歡悅如是且以一種歡悅[illegible]

[illegible]處所當生喜
悅謂我今者尸羅清淨有能安住世尊所制學
處於現法中能得未得能觸未觸能證未證由
是處所生喜悅意若汝獲得前後所證少分差別即由
如是增上力故於他圓滿所證差別謂諸如來或聖弟子及自
後時所證差別當生信解發喜悅意如是行相諸
適悅意先名權悅今名喜悅總名悅意如是名為取欣樂
相取是相已復應教授告言賢首汝由如是厭離相故調
練其心復由如是欣樂相故滋潤其心汝於斷滅世間貪憂
應多安住隨於彼彼所緣境界勇勤修加行或奢摩
他品或毗缽舍那品即於彼彼所緣境界當令心住內
住等住汝當獲得身心輕安及心一境性汝若如是於諸
界中向諸白品由調練心故復應數數取過患相謂於所
有諸相尋思及隨煩惱所有過患相言諸相者謂色等相

有諸相二尋思及隨煩惱所過患相言諸者謂色等十相
尋思者謂欲等八隨煩惱者謂貪欲等五汝應於彼取
過患相如是諸相能令其心作用處務如是尋思
能令其心思慕躁擾如是隨煩惱能令其心恒不寂靜
若心作用諸相所作思慕躁擾尋思所作恒不寂靜隨煩惱
所作由是令心苦惱而住是故如是諸相尋思及隨惱是苦非聖能
引无義令心散動令心躁擾令心染汙汝應如是取過患相又汝應依
心一境性心安住性心无亂性以六種正取其相何等為六一无相想二於无
相中无作用想三无分別想四於无分別中无所思慕无躁擾想五寂靜
想六於寂靜中離諸燒惱寂滅樂想汝取如是過患相已復應數數
取光明相謂或燈明或火大明或日輪明或月輪明既取如是光明
相已復詣冢間取青瘀相膖脹及至取骨鏁相汝若不能往詣冢
間當取綵畫木石所作如是諸相取是相已還所住處或阿練若
或樹下或空閑室或在大床或小繩床或草……

其中依六種想作意思惟謂无相想无分別想寂靜想无作用想无所思
慕无躁擾想離諸煩惱寂滅樂想又於其中汝當審諦周遍了知亂
不亂相分明顯前如審諦周遍了知亂不亂相如是如是汝能了知諸
相尋思隨煩惱中所有亂相及能了知心一境性隨六想能諸不亂想又汝
相此亂不亂相如是審諦了知便能安住一所緣境亦能安住內心寂止諸心
相續諸心流注前後一味无相无分別寂靜而轉又若汝心雖得寂靜由失念
故及由串習諸相尋思隨煩惱等諸過失故如鏡中面所緣影像數現在前
隨所生起即於其中當更脩習不念作意謂先所見諸過患相增上力故
即於如是所緣境相由所脩習不念作意除遣散滅當令畢竟不現在前
首當知如是所緣甚為微細難可通達汝應發起猛利樂欲為求通達
發勤精進世尊依此所緣境相審意說言汝善苾芻當知衆善言衆善者謂於大衆
共集中感共義色　此衆善最殊勝者謂於多衆大集會中歌儛倡伎假
使有一智慧丈夫從外而来告一人曰咄哉男子汝於今者可持如是千滿鉢油勿

使有一智慧丈夫從外而来告一人曰咄哉男子汝於今者可持如是平滿鉢油勿
令盪溢經歷如是大衆中過當離其間所有衆善及諸冣勝歌儛倡伎
大等生等今有魁膾露拔利劒隨逐汝行若汝鉢油一滴墮地此之魁膾即以利
劒當斷汝首斷汝命根苾蒭汝等於意云何是持鉢人頗不住意專心油鉢拔劒
魁膾不乎地等而能住意觀視衆善及諸冣勝歌儛倡伎大等生耶
不也世尊何以故是持鉢人既見魁膾露拔利劒隨逐而行極大怖畏專作是
念我所持鉢油既弥滿經是衆中極難將度脫有一滴當墮地者定為知是拔劒魁
膾當斬我首斷我命根是人念能於彼衆善及諸冣勝歌儛倡伎大等生等都不住
意思觀視唯於油鉢專心作意而正護持如是苾蒭我諸弟子恭敬殷重專
心憶念脩四念住當知亦尒言衆善者喻能隨順貪瞋纏等隨煩惱法於中冣
勝歌儛倡伎喻能随順尋思戲論躁擾雜法大等生者喻色相等十種相法
智慧丈夫喻瑜伽師平滿油鉢喻奢摩他所安住心能令身心輕安潤澤是奢
摩他義露拔利劒隨行魁膾喻先所諸相尋思隨煩惱中諸過患專心將護 相
不令鉢油一滴墮地喻於奢摩他周匝了知亂不亂[illegible]

寂靜而轉不起一心復緣諸相或緣尋思及隨煩惱是瑜伽師復應知是殷勤
教誨於奢摩他初修業者告言賢首汝若如是精勤修習奢摩他道
如是方便攝受正念正知俱行有慊樂心乃名善修奢摩他道若復串習諸惡
失故不能於中深心憘樂極大艱辛勵力策發方現前者還應速疾出无分
別所緣境相有於分別所緣境相繫念在前如先所取諸不淨相汝今復應作
意思惟先應用彼唯隨相行毗鉢舍那或觀青瘀或觀膿爛廣說乃至觀
骨觀鎖或觀骨鎖汝於如是初修觀時於一青瘀廣說乃至於一骨鎖當起勝解若
於其中已串修習觀道明淨於所緣相明了勝解相續轉時復應於二於三於四於五於十於廿
卅卌五十或百青瘀或千青瘀乃至一切諸方諸維所有青瘀起无量行遍一切
處无間勝解於中乃至无有容受一杖端處如於青瘀如是乃至骨鎖亦爾汝依
如是勝解作意應當趣入真實作意於趣入時應作是念如我今者勝解
所作无量青瘀廣說乃至无量骨鎖真實青瘀乃至骨鎖其量過此不可
數知所以者何從前際來於彼彼趣中輪迴生死我所曾經命終夭沒所棄尸

數然所以者何從前際來於彼彼趣中輪迴生死我所曾經命終夭沒所棄尸
骸所起青瘀廣說乃至所骨鎖无邊如是所起推其前際不可知故假使
有能攝聚如是所棄尸骸令壞爛切大地亦不容受於一劫中所棄尸骸乃骨
鎖假使有能斂在一處其聚量等廣大脇山如從前際後際亦尒乃至未能住善處
際然是汝依勝解作意應當趣入真實作意又非修習如青瘀乃至骨鎖毗鉢舍那應頻
觀察纔應於一尸骸青瘀起勝解已尋復令心於內寂靜乃至於此所緣境相喜樂
明淨无諸擾惱不彊勵力齊尒所時應於如是尸骸青瘀發起勝解若纔於此乃
至勵力方現在前尒時於內應修寂靜如於青瘀乃至骨鎖當知亦尒由此道理乃
至无量當知亦尒如是令心內寂靜已於他發起寂靜（勝解）謂從最後无量青瘀
乃至最後无量骨鎖內略其心方便除遣於彼衆相不顯現中不令棄捨有
分別相不分別唯即於此所緣境界安住其心无相无分別寂靜而轉彼瑜伽師復應
教授告言賢首汝先所取諸光明相於奢摩他品加行中及於毗鉢舍那品加行
中皆應作意如理思惟若汝能以光明俱心照了俱心明淨俱心无闇俱心修奢

雖多串習而相闇昧若有最初於所緣境多分分明數習勝解其相明了由
是因緣後所脩轉復分明雖少串習而相明了如是漸串善取如是厭離相故善取
如是欣樂相故善取如是奢摩他相故善取如是毗鉢舍那相故善取如是先明
相故於時時中內以寂靜於時時中申直相行毗鉢舍那思擇諸法即於不淨
正脩加行增上力故於諸念住漸次趣入將趣入時汝應先於內身所有三十六物始
從髮毛乃至小便善取其相汝應於是自內身中諸不淨物先當發趣不淨勝
解數數發起此勝解已復令其心於內寂靜如是名為於內身中脩循身
觀依自身內外而發起故次應於外諸不淨物善取其相汝當發起青瘀勝解
廣說乃至骨鎖勝解或狹小勝解或廣大勝解或无量勝解數數發起此
勝解已復令其心於內寂靜如是名為於外身中脩循身觀依他外身而發起
故後復應於自身內外諸不淨物善取其相令心明了又於他身內外不淨善取
其相令心明了於自所愛汝當發起如是勝解復於死已出送冢間至冢間已棄之在地
棄在地已至青瘀位至膿爛位廣說乃至骨鎖位發起勝解數數發起此勝

棄在地已至青瘀位至膿爛位廣說乃至骨鏁位發起勝解數數發起此勝
解已復令其心於內寂靜如是名為於內外身循循身觀謂自他身若內若外而發
起故汝復應於四无色蘊由聞思增上力分別取相於其三分發起勝解於奢
摩他品二於无散亂品三於毗鉢舍那品於奢摩他品者謂若汝心於內略時
起无相无分別寂靜想行及无作用思慕无際動離諸掉惱寂滅樂
想行於所緣境无亂受等四无色蘊刹那刹那展轉各異唯是新新而
非故故相續流轉汝應於此理思惟發起勝解如是名為於內受心法循循
受心法觀於无散亂品者謂汝於先取諸境界緣諸境界道不定地要
盡滅及令失念心亂所生諸相尋思隨煩惱境增上受等四无色蘊汝應於此如
理作意如是諸法其性皆是羸劣所作暫時而有率尒現前多諸過患
其性无常不可保信汝應如是發起勝解如是名為於外受心法循循受心法觀
於毗鉢舍那品者謂汝善取毗鉢舍那相已住有相有分別作意於有分
別有相所緣增上內所生受等四无色蘊如理作意思惟此法刹那刹那展轉別
異唯是新新而生汝汝自[illegible]以前所說[illegible]為令內外

得趣入汝應於念住加行時時脩習奢摩他毗鉢舍那汝於如是四念住
中安住正念隨依彼彼村邑聚落邊際而住於心隨順趣向臨入所緣境界
汝應捨此所緣境相入彼村邑聚落乞食應當善避惡象惡馬惡牛惡
狗惡蛇獸坑澗陵塹株杌毒刺泥水糞穢及應遠離諸惡威儀弊坐卧
具汝應如是善護己身若於如是諸境界相不應策發諸根汝應於彼不
作功用善守諸根若於如是諸境界相應當策發諸根汝應於彼正住功用善
住正念令諸煩惱不起現行汝應如是善護己身善守諸根善住正念於
彼作意善知其量受用飲食又汝應與在家出家說應量語說應理
語說應時語說正直語說寂靜語一切世間非法言論皆當遠離雖
復宣說如法言論不應諍競何以故若諸士夫補特伽羅住諍競
語互相難詰其心便住多戲論中多戲論故其心掉舉心掉舉故心
不寂靜不寂靜故便令其心遠三摩地如是行已汝應速疾不捨所
緣結加趺坐於奢摩他毗鉢舍那如所取相由恒常作及畢竟作脩瑜
伽行猶如世間鑽火方便起無間加行及殷重加行汝應如是恒常脩

加行猶如世間鑽火方便起无間加行又殷重加行汝應如是恒常脩
作畢竟脩作又汝應起如是意心假使一切贍部洲人盡贍部洲曾
經邊量今皆總集在我一身我亦盡此无量壽命決定於斷瑜伽
作意勝奢摩他毗鉢舍那精勤脩習時无暫捨由正了知如是所脩瑜
伽加行有大勝果大勝利故何況如是少分壽量少時存活雖極遠去
不過百年委悉筭計但須臾頃如是汝應隨所教誨恒常脩作
畢竟脩作若爲此義受習於斷汝於此義必當獲得汝當最初證
得下劣身心輕安心一境性後當證得世出世間廣大圓滿初脩業
者始脩業時善達瑜伽諸瑜伽師依不淨觀如是教誨名正教誨
如是脩行名正脩行如說貪行是不淨觀之所調伏如是瞋行是慈愍觀
之所調伏乃至最後尋思行是阿那波那念之所調伏如其所應皆當了
知其中差別餘起入門我當顯示依慈愍觀初脩業者於外親品怨
品及中庸品善取相已處如法坐由利益安樂增上意樂俱行定地作
意先於一親一怨一中[illegible]

意樂俱行作意欲與其樂如是念言願彼求樂諸有情類皆當
得樂謂或无罪欲樂或无罪有喜樂或无罪无喜樂次後或於二親或
於三親或於四親或於五親十親二十三十如前乃至遍諸方維其中親
品充滿无間發起勝解於中乃至无有容受一杖端處如於親品如是
於怨及中庸品當知亦尒又彼不捨覺悟加行即由脩習如是覺悟於
諸念住能正趣入云何趣入謂趣入時應當發起如是勝解如彼於我謂
親謂怨謂中庸品我既欲樂厭背其苦如是名為於其內身脩循
身觀餘亦於彼謂親謂怨謂中庸品如我彼亦欲樂背苦如是名為
於其外身脩循身觀如我既尒彼諸有情亦復如是如我自欲求得勝
樂彼諸有情亦復如是彼諸有情與己平等與己相似我當與彼利益安
樂如是名為於內外身脩循身觀此四念住總緣諸蘊為境界故當
知說名壞緣念住者脩行者但取色相謂取顯相形相表相於親品怨
品及中庸品而起勝解由此建立唯身念住彼復依止勝解作意能
正趣入真實作意謂起入時起是勝解我於乃至无量有情發起勝

正趣入真實作意謂起入時起是勝解我於乃至无量有情發起勝
解利益安樂增上意樂如是我從先際已來所有親品怨品及中庸品
落謝過去諸有類情其數无量甚過今者勝解所作如是過去諸有
情類爲我親已復爲我怨爲我怨已復爲我親爲怨親已復爲中庸
爲中庸已復爲怨親由是義門一切有情平等平等无有少分親性
怨性及中庸性而非真實由是因緣遍於三品起平等心平等應與利益
安樂如從先際如是後際於生死中當復流轉應知亦尒又我於彼先際
已來諸有情類未曾發起慈愍之心彼皆過去今起慈愍復有何益
俱爲除遣自心垢穢令得清淨故起念言當令過去諸有情類皆得
安樂諸未來世非曾有者亦皆念彼當得安樂如是趣入真實作意
慈愍住中諸福滋潤諸善滋潤望前所脩勝解作意慈愍住中所獲福聚
彼於百分不及此一彼於千分不及此一彼於數分筭分計分鄔波尼煞
曇分不及此一餘如前說又於緣性緣起觀中初脩業者由聞思慧增
上力故分別取相謂者有情由有種種色習思惡現見色常[illegible]

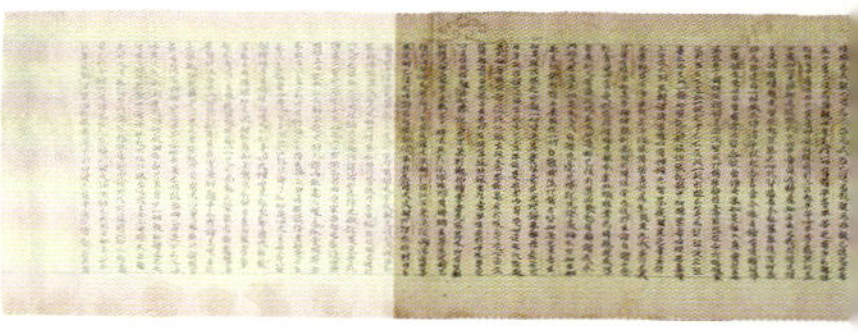

為常現見不淨妄計為淨現見其苦妄計為樂現見无我妄計為我
彼諸有情有如是等種種顛倒為因於現法受及後所生諸自體中發
起貪愛由貪愛故造作種種生根本業此煩惱業為因緣故感得
當來純大苦蘊彼既善取如是相已復於其內發起勝解謂我今
此純大苦蘊亦如是生又我自體无邊无際從先際來初不可知亦如
是生彼諸有情去來現在一切自體苦蘊所攝亦皆如是已生當生
如是緣性緣起正觀一切皆是真實作意更无所餘勝解作意若於
自身現在諸蘊緣性緣生作意思惟是名於內身受心法住彼脩觀
若於他身現在諸蘊緣性緣生作意思惟是名於外身受心法住
彼脩觀若於自他過去未來所有諸蘊緣性緣生作意思惟名於內外身受
心法住彼脩觀餘如前說又於界差別觀初脩業者先取其外所有堅相
所謂大地山林草木軌石瓦礫末尼真珠瑠璃螺貝珊瑚至等取彼相已
復於內堅而起勝解次取其外諸大水相所謂江河衆流陂湖池沼井等
取彼相已復於內濕而起勝解次取其外諸大火相所謂熱時烈日炎

取彼相已復於内顯而起勝解次取其外諸大火相所謂熱時烈日炎
熾焚燒山澤灾火墓蒸窯室等中所有諸火取彼相已復於内煖而起
勝解次取其外諸大風相所謂東西南北等風乃至風輪取彼相已復於
内風而起勝解次取其外諸大空相所謂諸方无障无礙諸聚色中孔
隙竅穴有所容受善取如是空界相已於内空界而起勝解復由聞
思增上力故起細分別取識界相所謂内眼處不壞色外處現前若
无能生作意正起所生眼識亦不得生與是相違眼識得生如是乃至
意法意識當知亦尒取是相已次起勝解了知如是四大身中有一切
識諸種子界種姓自性又於如是四大種中先起支節麁大解勝
後起分析種種細分微細勝解如是漸次分析乃至向遊塵量
如是漸次乃至極微而起勝解一一支分尚起无量最極微塵積集
勝解何況身中一切支分如是名為界差別觀中分析諸色界差別
邊際微細勝解於空界先當發起所有麁大空界勝解所謂眼耳

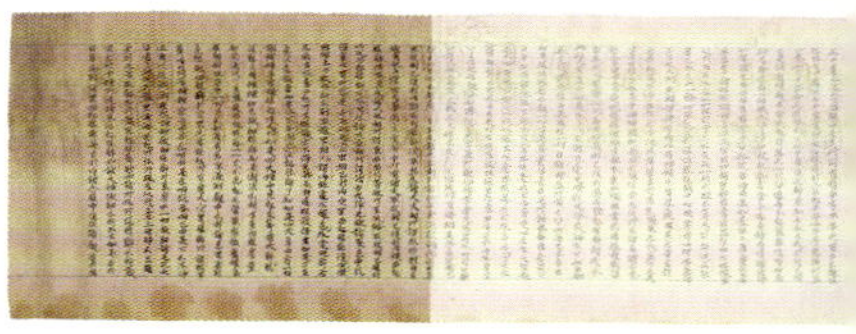

流出次後漸漸發起乃至勝解乃至中一十種細諸[illegible]
皆悉了知後於識界漸漸發起所依所緣及以作意三世時分品類
差別無量勝解即於識界起勝解時由諸所依所緣勝解分析識
界亦於十種所造諸色而起勝解如諸大種微細分析此亦如是若於
自身各別諸界而起勝解是名於內諸念住中住循身觀若於其

BD00496

大般若波羅蜜多經卷四七

（唐）玄奘 譯

633.9cm × 26.8cm

羅蜜多時以
无所畏四无礙解大
佛不共法一切智道相智一切相智
中定當得為上首復次善現以此菩
薩脩行般若波羅蜜多時以无所得而
便住金剛喻三摩地乃至以无所得而為方
便住无著无為无涂解脫如虛空三摩地故
得於大有情衆中定當得為上首善現以如
是等種種因緣此菩薩摩訶薩於大有情衆
中定當得為上首善現是故菩薩復名摩訶
薩
尒時具壽舍利子白佛言世尊我亦樂說菩
薩由此義故復名摩訶薩佛言舍利子隨汝

意識舍利子言世尊由諸菩薩能為有情以
无所得而為方便說斷我見有情見命者見
生者見養者見士夫見補特伽羅見意生見
儒童見作者見使作者見起者見使起者見
受者見使受者見知者見見者見法故此菩
薩復名摩訶薩世尊由諸菩薩能為有情以
无所得而為方便說斷常見斷見法故此菩
薩復名摩訶薩世尊由諸菩薩能為有情以
无所得而為方便說斷有見无見法故此菩
薩復名摩訶薩世尊由諸菩薩能為有情以
无所得而為方便說斷蘊見處見界見諦見
緣起見法故此菩薩復名摩訶薩世尊由諸
菩薩能為有情以无所得而為方便說斷四
靜慮見四无量見四无色定見法故此菩薩

BD00496　大般若波羅蜜多經卷四七

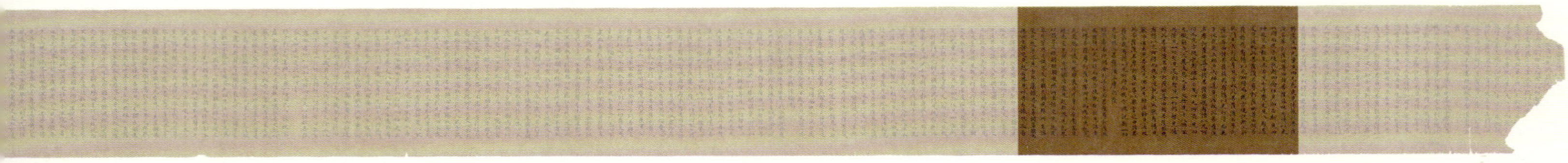

靜慮見四无量見四无色定見法故此菩薩
復名摩訶薩世尊由諸菩薩能為有情以无
所得而為方便說斷四念住見四正斷見四
神足見五根見五力見七等覺支見八聖道
支見法故此菩薩復名摩訶薩世尊由諸菩
薩能為有情以无所得而為方便說斷三解
脫門見六到彼岸見法故此菩薩復名摩訶
薩世尊由諸菩薩能為有情以无所得而為
方便說斷五眼見六神通見法故此菩薩復
名摩訶薩世尊由諸菩薩能為有情以无所
得而為方便說斷佛十力見四无所畏見四
无礙解見大慈大悲大喜大捨見十八佛不
共法見一切智見道相智見一切相智見法
故此菩薩復名摩訶薩世尊由諸菩薩能為

有情以无所得而為方便説斷成壞有情見
嚴淨佛土見菩薩見佛隨見轉法輪見法故
此菩薩復名摩訶薩世尊以要言之由諸菩
薩能為有情以无所得而為方便説斷一切
見法故此菩薩復名摩訶薩
時具壽善現問舍利子言若菩薩摩訶薩能
為有情以无所得而為方便説斷諸見法者
何緣菩薩摩訶薩自有所得而為方便起色
見受想行識見起眼處見耳鼻舌身意處見
起色處見聲香味觸法處見起眼界見色界
眼識界及眼觸眼觸為緣所生諸受見起耳
界見聲界耳識界及耳觸耳觸為緣所生諸
受見起鼻界見香界鼻識界及鼻觸鼻觸為
緣所生諸受見起舌界見味界舌識界及舌

緣所生諸受見起舌界見味界舌識界及舌
觸舌觸爲緣所生諸受見起身界見觸界身
識界及身觸身觸爲緣所生諸受見起意界
見法界意識界及意觸意觸爲緣所生諸受
見起地界見水火風空識界見起苦聖諦見
集滅道聖諦見起无明見行識名色六處觸
受愛取有生老死愁歎苦憂惱見起四靜慮
見四无量四无色定見起四念住見四正斷
四神足五根五力七等覺支八聖道支見起
空解脫門見无相无願解脫門見起布施波
羅蜜多見淨戒安忍精進靜慮般若波羅蜜
多見起五眼見六神通見起佛十力見四无
所畏四无礙解大慈大悲大喜大捨十八佛不
共法一切智道相智一切相智見起成熟有

情見嚴淨佛土見菩薩見佛陁見轉法輪見
邪具壽舍利子荅善現言若菩薩摩訶薩脩
行般若波羅蜜多時无方便善巧者以有所
得而為方便便起色見受想行識見乃至便
起佛陁見轉法輪見是菩薩摩訶薩不能為
諸有情以无所得而為方便説斷諸見法若
菩薩摩訶薩脩行般若波羅蜜多時有方便
善巧者能為有情以无所得而為方便説斷
諸見法是菩薩摩訶薩不起色見受想行識
見乃至不起佛陁見轉法輪見
尒時具壽善現白佛言世尊我亦樂説菩薩
由此義故復名摩訶薩佛言善現隨汝意説
善現白言世尊由諸菩薩為一切智智發菩
提心无等等心不共一切聲聞獨覺心於如

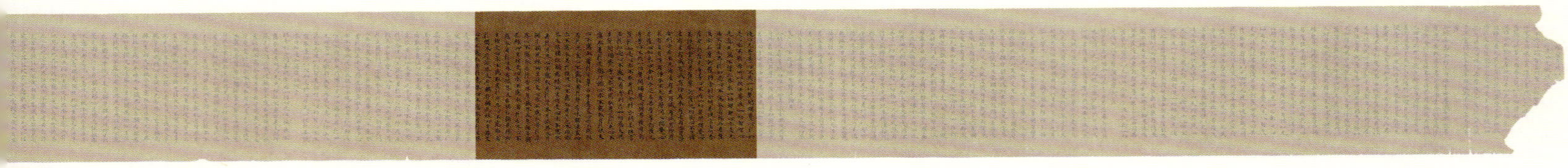

提心无等等心不共一切聲聞獨覺心於如
是心亦不取着何以故世尊彼一切智智心
是真无漏不墮三界求一切智智心亦是无
漏不墮三界於如是心不應取着故此菩薩
復亦名摩訶薩時舍利子問善現言云何菩
薩摩訶薩无等等心不共一切聲聞獨覺心
善現荅言諸菩薩摩訶薩從初發心不見諸
法有生有滅有減有增有来有去有染有淨
舍利子若不見諸法有生有滅有減有增有
来有去有染有淨亦不見有聲聞心獨覺心
菩薩心如来心舍利子是名菩薩摩訶薩无
等等心不共一切聲聞獨覺心諸菩薩摩訶
薩於如是心亦不取着時舍利子問善現言
若於如是心不應取着者則於一切愚夫異

生聲聞獨覺菩提心亦不應取著於色心不
應取著於受想行識心亦不應取著於眼處
心不應取著於耳鼻舌身意處心亦不應取
著於色處心不應取著於聲香味觸法處心
亦不應取著於眼界心不應取著於色界眼識
界及眼觸眼觸為緣所生諸受心亦不應取
著於耳界心不應取著於聲界耳識界及耳
觸耳觸為緣所生諸受心亦不應取著於鼻
界心不應取著於香界鼻識界及鼻觸鼻觸
為緣所生諸受心亦不應取著於舌界心不
應取著於味界舌識界及舌觸舌觸為緣所
生諸受心亦不應取著於身界心不應取著
於觸界身識界及身觸身觸為緣所生識受
心亦不應取著於意界心不應取著於法界

心亦不應取著於意界心不應取著於法界
意識界及意觸意觸為緣所生諸受心亦不
應取著於地界心不應取著於水火風空識
界心亦不應取著於苦取諦心不應取著於
集滅道聖諦心亦不應取著於无明心不應
取著於行識名色六處觸受愛取有生老死
愁歎苦憂惱心亦不應取著於四靜慮心不
應取著於四无量四无色定心亦不應取著
於四念住心不應取著於四正斷四神足五
根五力七等覺支八聖道支心亦不應取著
於空解脫門心不應取著於无相无願解脫門
心亦不應取著於布施波羅蜜多心不應取
著於淨戒安忍精進靜慮般若波羅蜜多心
亦不應取著於五眼心不應取著於六神通

心亦不應取著於佛十力心不應取著於四
无所畏四无礙解大慈大悲大喜大捨十八
佛不共法一切智道相智一切相智心亦不
應取著何以故如是諸心皆无心性故善現
荅曰如是如是誠如所言
時舍利子問善現言若一切心无心性故不
應取著者則色无色性故不應取著受想行
識无受想行識性故亦不應取著眼處无眼
處性故不應取著耳鼻舌身意處无耳鼻舌
身意處性故亦不應取著色處无色處性故
不應取著聲香味觸法處无聲香味觸法處
性故亦不應取著眼界无眼界性故不應取
著色界眼識界及眼觸眼觸為緣所生諸受
无色界乃至眼觸為緣所生諸受性故亦不

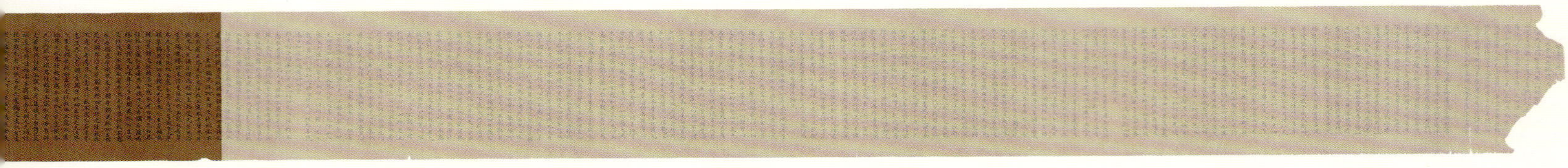

著色界眼識界及眼觸眼觸為緣所生諸受
无色界乃至眼觸為緣所生諸受性故亦不
應取著耳界无耳界性故不應取著聲界耳
識界及耳觸耳觸為緣所生諸受无聲界乃
至耳觸為緣所生諸受性故亦不應取著鼻
界无鼻界性故不應取著香界鼻識界及鼻
觸鼻觸為緣所生諸受无香界乃至鼻觸為
緣所生諸受性故亦不應取著舌界无舌界
性故不應取著味界舌識界及舌觸舌觸為
緣所生諸受无味界乃至舌觸為緣所生諸
受性故亦不應取著身界无身界性故不應
取著觸界身識界及身觸身觸為緣所生諸
受无觸界乃至身觸為緣所生諸受性故亦
不應取著意界无意界性故不應取著法界

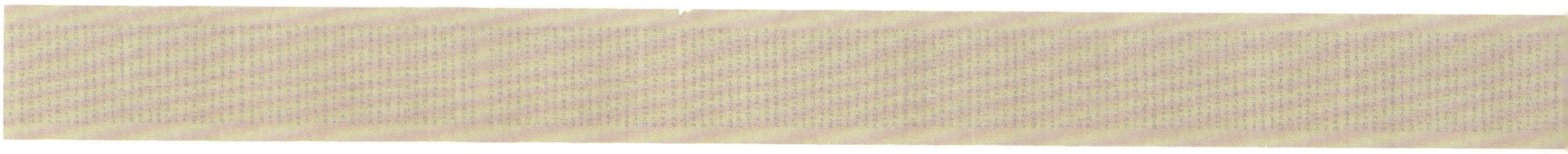

意識界及意觸意觸為緣所生諸受无法界
乃至意觸為緣所生諸受性故亦不應取著
地界无地界性故不應取著水火風空識界
无水火風空識界性故亦不應取著苦聖諦
无苦聖諦性故不應取著集滅道聖諦无集
滅道聖諦性故亦不應取著无明无无明性
故不應取著行識名色六處觸受愛取有生
老死愁歎苦憂惱无行乃至老死愁歎苦憂
惱性故亦不應取著四靜慮无四靜慮性故
不應取著四无量四无色定无四无量四无
色定性故亦不應取著四念住无四念住性
故不應取著四正斷四神足五根五力七等
覺支八聖道支无四正斷乃至八聖道支性
故亦不應取著空解脫門无空解脫門性故

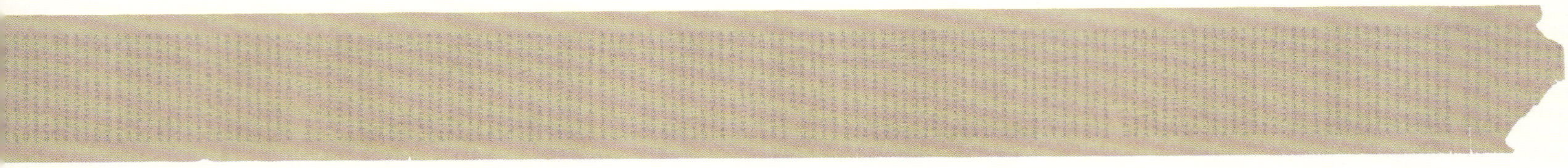

故亦不應取著空解脫門无空解脫門性故
不應取著无相无願解脫門无无相无願解
脫門性故亦不應取著布施波羅蜜多无布
施波羅蜜多性故不應取著淨戒安忍精進
靜慮般若波羅蜜多无淨戒乃至般若波羅
蜜多性故亦不應取著五眼无五眼性故不
應取著六神通无六神通性故亦不應取著
佛十力无佛十力性故不應取著四无所畏
四无礙解大慈大悲大喜大捨十八佛不共
法一切智道相智一切相智无四无所畏乃
至一切相智性故亦不應取著善現答言如
是如是誠如所說時舍利子問善現言若一
切智智心是真无漏不墮三界者則一切愚
夫異生聲聞獨覺等心亦應是真无漏不墮

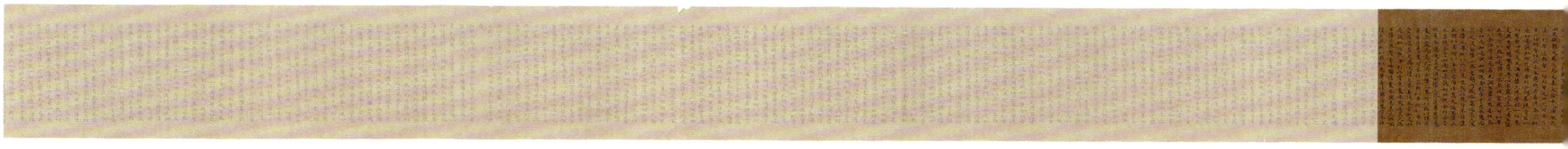

三界何以故如是誠心亦本性空故所以者
何以本性空法是真无漏不壞三界善現荅
言如是如是誠如所說舍利子言色亦應是
真无漏不壞三界受想行識亦應是真无漏
不壞三界何以故以色受想行識皆本性空
故所以者何以本性空法是真无漏不壞三
界善現荅言如是如是誠如所說舍利子言
眼處亦應是真无漏不壞三界耳鼻舌身意
處亦應是真无漏不壞三界何以故以眼耳
鼻舌身意處皆本性空故所以者何以本性
空法是真无漏不壞三界善現荅言如是如
是誠如所說舍利子言色處亦應是真无漏
不壞三界聲香味觸法處亦應是真无漏不
壞三界何以故以色聲香味觸法處皆本性

BD00496　大般若波羅蜜多經卷四七

不墮三界聲香味觸法處亦應是真无漏不
墮三界何以故以色聲香味觸法處皆本性
空故所以者何以本性空法是真无漏不墮
三界善現荅言如是如是誠如所說舍利子
言眼界亦應是真无漏不墮三界色界眼識
界及眼觸眼觸為緣所生諸受亦應是真无
漏不墮三界何以故以眼界乃至眼觸為緣
所生諸受皆本性空故所以者何以本性空
法是真无漏不墮三界善現荅言如是如是
誠如所說舍利子言耳界亦應是真无漏不
墮三界聲界耳識界及耳觸耳觸為緣所生
諸受亦應是真无漏不墮三界何以故以耳
界乃至耳觸為緣所生諸受皆本性空故所
以者何以本性空法是真无漏不墮三界善

現荅言如是如是誠如所説舍利子言鼻界
亦應是真无漏不墮三界香界鼻識界及鼻
觸鼻觸為緣所生諸受亦應是真无漏不墮
三界何以故以鼻界乃至鼻觸為緣所生諸
受皆本性空故所以者何以本性空法是真
无漏不墮三界善現荅言如是如是誠如所
説舍利子言舌界亦應是真无漏不墮三界
味界舌識界及舌觸舌觸為緣所生諸受亦
應是真无漏不墮三界何以故以舌界乃至
舌觸為緣所生諸受皆本性空故所以者何
以本性空法是真无漏不墮三界善現荅言
如是如是誠如所説舍利子言身界亦應是
真无漏不墮三界觸界身識界及身觸身觸
為緣所生諸受亦應是真无漏不墮三界何

爲緣所生諸受亦應是真无漏不墮三界何
以故以身界乃至身觸爲緣所生諸受皆本
性空故所以者何以本性空法是真无漏不
墮三界善現荅言如是如是誠如所說舍利
子言意界亦應是真无漏不墮三界法界意
識界及意觸意觸爲緣所生諸受亦應是真
无漏不墮三界何以故以意界乃至意觸爲
緣所生諸受皆本性空故所以者何以本性
空法是真无漏不墮三界善現荅言如是如
是誠如所說舍利子言地界亦應是真无漏
不墮三界水火風空識界亦應是真无漏不
墮三界何以故以地水火風空識界皆本性
空故所以者何以本性空法是真无漏不墮
三界善現荅言如是如是誠如所說舍利子

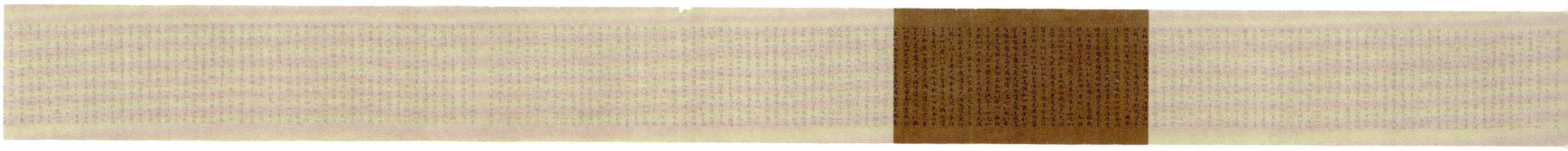

言苦聖諦亦應是真无漏不壞三界集滅道
聖諦亦應是真无漏不壞三界何以故以苦
集滅道聖諦皆本性空故所以者何以本性
空法是真无漏不壞三界善現荅言如是如
是誠如所說舍利子言无明亦應是真无漏
不壞三界行識名色六處觸受愛取有生老
死愁歎苦憂惱亦應是真无漏不壞三界何
以故以无明乃至老死愁歎苦憂惱皆本性
空故所以者何以本性空法是真无漏不壞
三界善現荅言如是如是誠如所說舍利子
言四靜慮亦應是真无漏不壞三界四无量
四无色定亦應是真无漏不壞三界何以故
以四靜慮四无量四无色定皆本性空故所
以者何以本性空法是真无漏不壞三界善

以四靜慮四无量四无色定皆本性空故所
以者何以本性空法是真无漏不墮三界善
現荅言如是如是誠如所説舍利子言四念
住亦應是真无漏不墮三界四正斷四神足
五根五力七等覺支八聖道支亦應是真无
漏不墮三界何以故以四念住乃至八聖道
支皆本性空故所以者何以本性空法是真
无漏不墮三界善現荅言如是如是誠如所
説舍利子言空解脫門亦應是真无漏不墮
三界无相无願解脫門亦應是真无漏不墮
三界何以故以空无相无願解脫門皆本性
空故所以者何以本性空法是真无漏不墮
三界善現荅言如是如是誠如所説舍利子
言布施波羅蜜多亦應是真无漏不墮三界

淨戒安忍精進靜慮般若波羅蜜多亦應是
真无漏不墮三界何以故以布施波羅蜜多
乃至般若波羅蜜多皆本性空故所以者何
以本性空法是真无漏不墮三界善現荅言
如是如是誠如所説舍利子言五眼亦應是
真无漏不墮三界六神通亦應是真无漏不
墮三界何以故以五眼六神通皆本性空故
所以者何以本性空法是真无漏不墮三界
善現荅言如是如是誠如所説舍利子言佛
十力亦應是真无漏不墮三界四无所畏四
无礙解大慈大悲大喜大捨十八佛不共法
一切智道相智一切相智亦應是真无漏不
墮三界何以故以佛十力乃至一切相智智
本性空故所以者何以本性空法是真无漏

墯三界何以故以佛十力乃至一切相智智
本性空故所以者何以本性空法是真无漏
不墯三界善現荅言如是如是誠如所說時
舍利子問善現言若心色等法无心色等性
故咸不應取著者則一切法應皆平等无有
差別善現荅言如是如是誠如所說舍利子
言若一切法定无別者云何如來說心色等
法有種種差別善現荅言此乃如來隨世俗
言說施設有此種種差別非由實義時舍利
子問善現言若一切愚夫異生聲聞獨覺菩
薩如來心色等法皆本性空故是真无漏不
墯三界者則聖者異生及一切智與非一切
智應皆平等无有差別善現荅言如是如是
誠如所說舍利子言若諸凡聖定无別者云

何如来說諸凡聖有種種差別善現答言此
亦如来随世俗言說施設有此種種差別非
由實義舍利子如是菩薩摩訶薩脩行般若
波羅蜜多時以无所得為方便故於所發菩
提心无等等心不共一切聲聞獨覺心不恃
不著於一切法亦无取執由此義故名摩訶
薩
尒時具壽滿慈子白佛言世尊我亦樂說菩
薩由此義故復名摩訶薩佛言滿慈子隨汝
意說滿慈子言世尊由諸菩薩為欲利樂一
切有情擐大功德鎧故發趣大乘乘大乘故
復名摩訶薩時舍利子問滿慈子言云何菩
薩摩訶薩為欲利樂一切有情擐大功德鎧
滿慈子言舍利子菩薩摩訶薩脩菩提行不

滿慈子言舍利子菩薩摩訶薩脩菩提行不
爲少分有情得利樂故乃爲一切有情得利
樂故脩菩提行舍利子如是名爲菩薩摩訶
薩爲欲利樂一切有情擐大功德鎧復次舍
利子菩薩摩訶薩住布施波羅蜜多脩布施
波羅蜜多時不爲少分有情得利樂故乃爲
一切有情得利樂故脩布施波羅蜜多舍利
子菩薩摩訶薩住淨戒波羅蜜多脩淨戒波
羅蜜多時不爲少分有情得利樂故乃爲一
切有情得利樂故脩淨戒波羅蜜多舍利子
菩薩摩訶薩住安忍波羅蜜多脩安忍波羅
蜜多時不爲少分有情得利樂故乃爲一切
有情得利樂故脩安忍波羅蜜多舍利子菩
薩摩訶薩住精進波羅蜜多脩精進波羅蜜

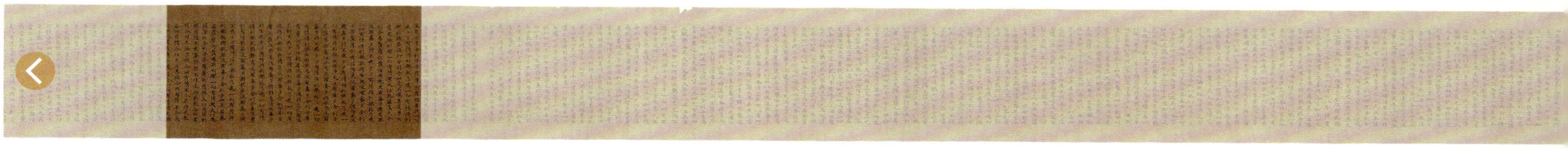

多時不為少分有情得利樂故乃為一切有
情得利樂故脩精進波羅蜜多舍利子菩薩
摩訶薩住靜慮波羅蜜多脩靜慮波羅蜜多
時不為少分有情得利樂故乃為一切有情
得利樂故脩靜慮波羅蜜多舍利子菩薩摩
訶薩住般若波羅蜜多脩般若波羅蜜多時
不為少分有情得利樂故乃為一切有情得
利樂故脩般若波羅蜜多舍利子如是名為
菩薩摩訶薩為欲利樂一切有情擐大功德
鎧復次舍利子菩薩摩訶薩擐大功德鎧利
樂有情不為齊限謂不作是念我教尒所有
情令得无餘涅槃尒所有情不令其得我教
尒所有情令住无上菩提尒所有情不令其
住然此菩薩摩訶薩普令一切有情得无餘

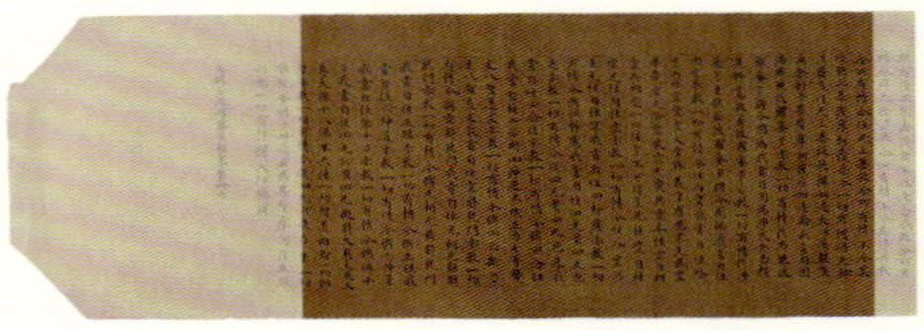

尒所有情令住无上菩提尒所有情不令其
住然此菩薩摩訶薩普令一切有情得无餘
涅槃及住无上菩提故擐如是大功德鎧復
次舍利子菩薩摩訶薩作如是念我當自圓
滿布施波羅蜜多亦教一切有情於布施波
羅蜜多脩令圓滿我當自圓滿淨戒安忍精
進靜慮般若波羅蜜多亦教一切有情於淨
戒乃至般若波羅蜜多脩令圓滿我當自住
內空亦教一切有情令住內空我當自住外
空內外空空空大空勝義空有為空无為空
畢竟空无際空散空无變異空本性空自相
空共相空一切法空不可得空无性空自性
空无性自性空亦教一切有情令住外空乃
至无性自性空我當自住四靜慮亦教一切

有情令脩四靜慮我當自住四无量四无色
定亦教一切有情令脩四无量四无色定我
當自住四念住亦教一切有情令脩四念住
我當自住四正斷四神足五根五力七等覺
支八聖道支亦教一切有情令脩四正斷乃
至八聖道支我當自住空解脫門亦教一切
有情令脩空解脫門我當自住无相无願解
脫門亦教一切有情令脩无相无願解脫門
我當自住五眼亦教一切有情令脩五眼我
當自住六神通亦教一切有情令脩六神通
我當自住佛十力亦教一切有情令脩佛十
力我當自住四无所畏四无礙解大慈大悲大
喜大捨十八佛不共法一切智道相智一切相
智亦教一切有情令脩四无所畏乃至一切

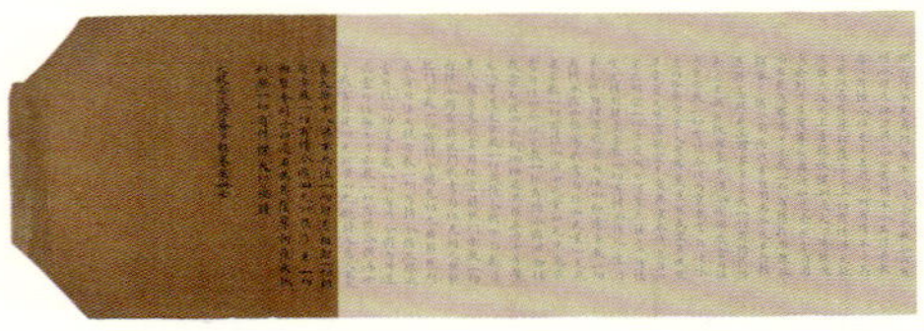

善大捨十八佛不共法一切智道相智一切相
智亦教一切有情令脩四无所畏乃至一切
相智舍利子如是名為菩薩摩訶薩為欲
利樂一切有情擐大功德鎧

大般若波羅蜜多經卷第卅七

BD00496　大般若波羅蜜多經卷四七

BD00497　妙法蓮華經卷三

（後秦）鳩摩羅什 譯

814.3cm × 26.8cm

又諸佛子 專
決定無疑 是
度無量億 百千
佛平等說 如一
如彼草木 所稟各異
種種言辭 演說一法
我雨法雨 充滿世間
如彼叢林 藥草諸樹
諸佛之法 常以一味
漸次修行 皆得道果
住最後身 聞法得果
若諸菩薩 智慧堅固
是名小樹 而得增長
聞諸法空 心大歡喜
無數光

是名大樹　而得增長　如是迦葉　佛所說法
譬如大雲　以一味雨　潤於人華　各得成實
迦葉當知　以諸因緣　種種譬喻　開示佛道
是我方便　諸佛亦然　今為汝等　說最實事
諸聲聞衆　皆非滅度　汝等所行　是菩薩道
漸漸修學　悉當成佛

妙法蓮華經授記品第六

尒時世尊說是偈已告諸大衆唱如是言我
此弟子摩訶迦葉於未來世當得奉覲三百
萬億諸佛世尊供養恭敬尊重讚歎廣宣
諸佛無量大法於最後身得成為佛名曰光明
如來應供正遍知明行足善逝世間解無上
士調御丈夫天人師佛世尊國名光德劫名
大莊嚴佛壽十二小劫正法住世二十小劫
像法亦住二十小劫國界嚴飾無諸穢惡

大莊嚴佛壽十二小劫正法住世二十小劫
像法亦住二十小劫國界嚴飾無諸穢惡瓦
礫荊棘便利不淨其土平正無有高下坑坎
堆阜琉璃為地寶樹行列黃金為繩以界道
側散諸寶華周遍清淨其國菩薩無量千億
諸聲聞眾亦復無數無有魔事雖有魔及魔
民皆護佛法尒時世尊欲重宣此義而說偈
言
告諸比丘　我以佛眼　見是迦葉　於未來世
過無數劫　當得作佛　而於來世　供養奉見
三百萬億　諸佛世尊　為佛智慧　淨修梵行
供養最上　二足尊已　修習一切　無上之慧
於最後身　得成為佛　其土清淨　琉璃為地
多諸寶樹　行列道側　金繩界道　見者歡喜
常出好香　散眾名華　種種奇妙　以為莊嚴

其地平正 無有丘坑 諸菩薩衆 不可稱計
其心調柔 逮大神通 奉持諸佛 大乘經典
諸聲聞衆 無漏後身 法王之子 亦不可計
乃以天眼 不能數知 其佛當壽 十二小劫
正法住世 二十小劫 像法亦住 二十小劫
光明世尊 其事如是
尒時大目揵連須菩提摩訶迦旃延等皆
悉悚慄一心合掌瞻仰尊顏目不蹔捨即
共同聲而說偈言
大雄猛世尊 諸釋之法王 哀愍我等故 而賜佛音聲
若知我深心 見為授記者 如以甘露灑 除熱得清淨
如從飢國來 忽遇大王饍 心猶懷疑懼 未敢即便食
若復得王教 然後乃敢食 我等亦如是 每惟小乘過
不知當云何 得佛無上慧 雖聞佛音聲 言我等作佛
心尚懷憂懼 如未敢便食 若蒙佛授記 爾乃快安樂

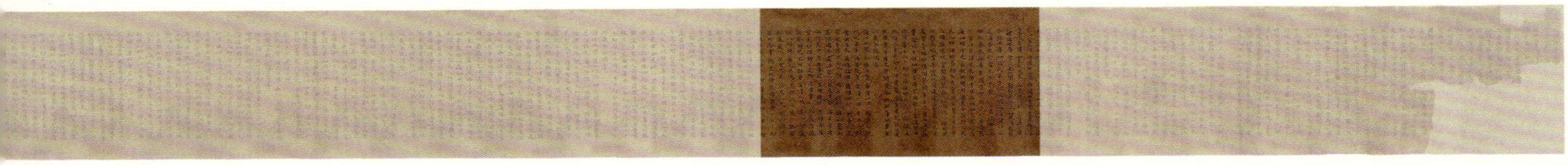

若復得王教　然後乃敢食　我等亦如是　每惟小乘過
不知當云何　得佛無上慧　雖聞佛音聲　言我等作佛
心尚懷憂懼　如未敢便食　若蒙佛授記　尒乃快安樂
大雄猛世尊　常欲安世間　願賜我等記　如飢須教食
尒時世尊知諸大弟子心之所念告諸比丘
是須菩提於當來世奉覲三百萬億那由他
佛供養恭敬尊重讚嘆常脩梵行具菩薩
於最後身得成為佛号曰名相如來應供正
遍知明行足善逝世間解無上士調御丈夫
天人師佛世尊劫名有寶國名寶生其土平
正頗梨為地寶樹莊嚴無諸丘坑沙礫荊棘
便利之穢寶華覆地周遍清淨其土人民皆
處寶臺珍妙樓閣聲聞弟子無量無邊筭數
譬喻所不能知諸菩薩眾無數千萬億那由
他佛壽十二小劫正法住世二十小劫像法

亦住二十小劫其佛常處虛空爲衆說法度
脫無量菩薩及聲聞衆尒時世尊欲重宣
此義而說偈言
諸比丘衆　今告汝等　皆當一心　聽我所說
我大弟子　須菩提者　當得作佛　号曰名相
當供無數　萬億諸佛　隨佛所行　漸具大道
最後身得　三十二相　端正姝妙　猶如寶山
其佛國土　嚴淨第一　衆生見者　無不愛樂
佛於其中　度無量衆　其佛法中　多諸菩薩
皆悉利根　轉不退輪　彼國常以　菩薩莊嚴
諸聲聞衆　不可稱量　皆得三明　具六神通
住八解脫　有大威德　其佛說法　現於無量
神通變化　不可思議　諸天人民　數如恒沙
皆共合掌　聽受佛語　其佛當壽　十二小劫
正法住世　二十小劫　像法亦住　二十小劫

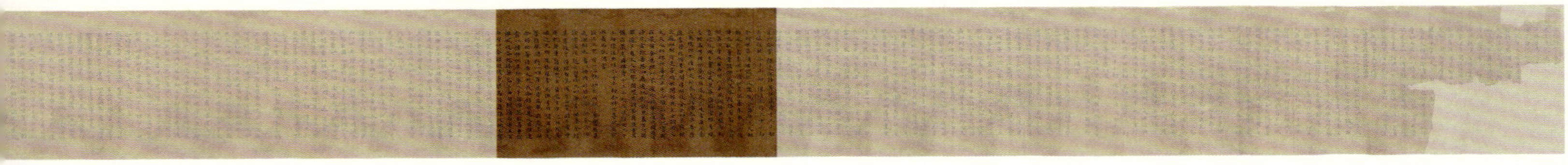

皆共合掌 聽受佛語 其佛當壽 十二小劫
正法住世 二十小劫 像法亦住 二十小劫
尒時世尊復告諸比丘衆我今語汝是大迦
旃延於當來世以諸供具供養奉事八千億
佛恭敬尊重諸佛滅後各起塔廟高千由旬
縱廣正等五百由旬以金銀琉璃車𤦲馬瑙
真珠玫瑰七寶合成衆華瓔珞塗粖香燒
香繒蓋幢幡供養塔廟過是已後當復供養
二萬億佛亦復如是供養是諸佛已具菩薩
道當得作佛号曰閻浮那提金光如來應供
正遍知明行足善逝世間解無上士調御丈
夫天人師佛世尊其土平正頗梨為地寶樹
莊嚴黃金為繩以界道側妙華覆地周遍清
淨見者歡喜無四惡道地獄餓鬼畜生阿脩

羅道多有天人諸聲聞衆及諸菩薩無量萬
億莊嚴其國佛壽十二小劫正法住世二十
小劫像法亦住二十小劫尒時世尊欲重宣
此義而說偈言
諸比丘衆　皆一心聽　如我所說　真實無量
是迦旃延　當以種種　妙好供具　供養諸佛
諸佛滅後　起七寶塔　亦以華香　供養舍利
其冣後身　得佛智慧　成等正覺　國土清淨
度脫無量　萬億衆生　皆爲十方　之所供養
佛之光明　無能勝者　其佛号曰　閻浮金光
菩薩聲聞　斷一切有　無量無數　莊嚴其國
尒時世尊復告大衆我今語汝是大目揵連
當以種種供具供養八千諸佛恭敬尊重諸
佛滅後各起塔廟高千由旬縱廣正等五百
由旬以金銀琉璃車𤦲馬瑙真珠玫瑰七寶

由旬以金銀琉璃車璖馬瑙真珠玫瑰七寶
合成衆華瓔珞塗香秣香燒香繒蓋幢幡以
用供養過是已後當復供養二百萬億諸佛
亦復如是當得成佛号曰多摩羅跋栴檀香
如来應供正遍知明行足善逝世間解無上
士調御丈夫天人師佛世尊劫名喜滿國名
意樂其土平正頗梨爲地寶樹莊嚴散真珠
華周遍清淨見者歡喜多諸天人菩薩聲聞
其數無量佛壽二十四小劫正法住世四十
小劫像法亦住四十小劫尒時世尊欲重宣
此義而說偈言
我此弟子 大目揵連 捨是身已 得見八十
二百萬億 諸佛世尊 爲佛道故 供養恭敬
於諸佛所 常脩梵行 於無量劫 奉持佛法

諸佛滅後　起七寶塔　長表金剎　華香伎樂
而以供養　諸佛塔廟　漸漸具足　菩薩道已
於意樂國　而得作佛　号多摩羅　栴檀之香
其佛壽命　二十四劫　常為天人　演說佛道
聲聞無量　如恒河沙　三明六通　有大威德
菩薩無數　志固精進　於佛智慧　皆不退轉
佛滅度後　正法當住　四十小劫　像法亦尒
我諸弟子　威德具足　其數五百　皆當授記
於未來世　咸得成佛
我及汝等　宿世因緣　吾今當說　汝等善聽

妙法蓮華經化城喻品第七

佛告諸比丘乃往過去無量無邊不可思議阿僧祇劫尒時有佛名大通智勝如來應供正遍知明行足善逝世間解無上士調御丈夫天人師佛世尊其國名好成劫名大相諸

正遍知明行足善逝世間解無上士調御丈
夫天人師佛世尊其國名好成劫名大相諸
比丘彼佛滅度已来甚大久遠譬如三千大
千世界所有地種假使有人磨以為墨過於
東方千國土乃下一點大如微塵又過千國
土復下一點如是展轉盡地種墨於汝等意
云何是諸國土若筭師若筭師弟子能得邊
際知其數不不也世尊諸比丘是人所經國
土若點不點盡抹為塵一塵一劫彼佛滅度
已来復過是數無量無邊百千萬億阿僧祇
劫我以如来知見力故觀彼久遠猶若今日
尒時世尊欲重宣此義而說偈言
我念過去世　無量無邊劫　有佛兩足尊　名大通智勝
如人以力磨　三千大千土　盡此諸地種　皆悉以為墨

過於千國土　乃下一塵點　如是展轉點　盡此諸塵墨
如是諸國土　點與不點等　復盡抹為塵　一塵為一劫
此諸微塵數　其劫復過是　彼佛滅度來　如是無量劫
如來無礙智　知彼佛滅度　及聲聞菩薩　如見今滅度
諸比丘當知　佛智淨微妙　無漏無所礙　通達無量劫
佛告諸比丘大通智勝佛壽五百四十萬億
那由他劫其佛本坐道場破魔軍已垂得阿
耨多羅三藐三菩提而諸佛法不現在前如
是一小劫乃至十小劫結跏趺坐身心不動
而諸佛法猶不在前尒時忉利諸天先為彼
佛於菩提樹下敷師子座高一由旬佛於此
坐當得阿耨多羅三藐三菩提適坐此座時
諸梵天王雨眾天華面百由旬香風時來吹
去萎華更雨新者如是不絕滿十小劫供養
於佛乃至滅度常雨此華四王諸天為供養

諸梵天王雨衆天華面百由旬香風時來吹
去萎華更雨新者如是不絶滿十小劫供養
於佛乃至滅度常雨此華四王諸天爲供養
佛常擊天鼓其餘諸天作天伎樂滿十小劫
至于滅度亦復如是諸比丘大通智勝佛過
十小劫諸佛之法乃現在前成阿耨多羅三
藐三菩提其佛未出家時有十六子其第一
者名曰智積諸子各有種種珍異玩好之具
聞父得成阿耨多羅三藐三菩提皆捨所珍
往詣佛所諸母涕泣而隨送之其祖轉輪聖
王與一百大臣及餘百千萬億人民皆共圍
繞隨至道場咸欲親近大通智勝如來供養
恭敬尊重讚嘆到已頭面礼足繞佛畢已一
心合掌瞻仰世尊以偈頌曰
大威德世尊　爲度衆生故　於無量億歲　爾乃得成佛

諸願已具足　善哉吉無上　世尊甚希有　一坐十小劫
身體及手足　靜然安不動　其心常惔怕　未曾有散亂
究竟永寂滅　安住無漏法　今者見世尊　安隱成佛道
我等得善利　稱慶大歡喜　衆生常苦惱　盲瞑無導師
不識苦盡道　不知求解脫　長夜增惡趣　減損諸天衆
從瞑入於瞑　永不聞佛名　今佛得最上　安隱無漏道
我等及天人　爲得最大利　是故咸稽首　歸命無上尊
尒時十六王子偈讚佛已　勸請世尊轉於法
輪　咸作是言　世尊說法　多所安隱　憐愍饒益
諸天人民　重說偈言
世雄無等倫　百福自莊嚴　得無上智慧　願爲世間說
度脫於我等　及諸衆生類　爲分別顯示　令得是智慧
若我等得佛　衆生亦復然　世尊知衆生　深心之所念
亦知所行道　又知智慧力　欲樂及脩福　宿命所行業
世尊悉知已　當轉無上輪

亦知所行道　又知智慧力　欲樂及修福　宿命所行業
世尊悉知已　當轉無上輪
佛告諸比丘大通智勝佛得阿耨多羅三藐
三菩提時十方各五百萬億諸佛世界六種
震動其國中間幽冥之處日月威光所不能
照而皆大明其中衆生各得相見咸作是言
此中云何忽生衆生又其國界諸天宮殿乃
至梵宮六種震動大光普照遍滿世界勝諸
天光尒時東方五百萬億諸國土中梵天宮
殿光明照曜倍於常明諸梵天王各作是念
今者宮殿光明昔所未有以何因緣而現此
相是時諸梵天王即各相詣共議此事時彼
衆中有一大梵天王名救一切為諸梵衆而
說偈言
我等諸宮殿　光明昔未有　此是何因緣　宜各共求之

為大德天生　為佛出世間　而此大光明　遍照於十方
尒時五百萬億國土諸梵天王與宮殿俱各
以衣裓盛諸天華共詣西方推尋是相見大
通智勝如來處于道場菩提樹下坐師子座
諸天龍王乾闥婆緊那羅摩睺羅伽人非人
等恭敬圍繞及見十六王子請佛轉法輪即
時諸梵天王頭面礼佛繞百千帀即以天華
而散佛上其所散華如須弥山并以供養佛
菩提樹其菩提樹高十由旬華供養已各以
宮殿奉上彼佛而作是言唯見哀愍饒益我
等所獻宮殿願垂納處時諸梵天王即於佛
前一心同聲以偈頌曰
世尊甚希有　難可得值遇　具無量功德　能救護一切
天人之大師　哀愍於世間　十方諸衆生　普皆蒙饒益
我等所從來　五百萬億國　捨深禪定樂　為供養佛故

我等所從來　五百萬億國　捨深禪定樂　爲供養佛故
我等先世福　宮殿甚嚴飾　今以奉世尊　唯願哀納受
尒時諸梵天王偈讚佛已各作是言唯願世
尊轉於法輪度脫衆生開涅槃道時諸梵天
王一心同聲而說偈言
世雄兩足尊　唯願演說法　以大慈悲力　度苦惱衆生
尒時大通智勝如來嘿然許之又諸比丘東
南方五百萬億國土諸大梵王各自見宮殿
光明照曜昔所未有歡喜踊躍生希有心即
各相詣共議此事時彼衆中有一大梵天王
名曰大悲爲諸梵衆而說偈言
是事何因緣　而現如此相　我等諸宮殿　光明昔未有
爲大德天生　爲佛出世間　未曾見此相　當共一心求
過千萬億土　尋光共推之　多是佛出世　度脫苦衆生

尒時五百萬億諸梵天王與宮殿俱各以衣
祴盛諸天華共詣西北方推尋是相見大通
智勝如来處于道場菩提樹下坐師子座諸
天龍王乾闥婆緊那羅摩睺羅伽人非人等
恭敬圍繞及見十六王子請佛轉法輪時諸
梵天王頭面礼佛繞百千帀即以天華而散
佛上所散之華如須弥山并以供養佛菩提
樹華供養已各以宮殿奉上彼佛而作是言
唯見哀愍饒益我等所獻宮殿願垂納受尒
時諸梵天王即於佛前一心同聲以偈頌曰

聖主天中王　迦陵頻伽聲　哀愍衆生者　我等今敬礼
世尊甚希有　久遠乃一現　一百八十劫　空過無有佛
三惡道充滿　諸天衆減少　今佛出於世　為衆生作眼
世間所歸趣　救護於一切　為衆生之父　哀愍饒益者
我等宿福慶　今得值世尊

我等宿福慶 今得值世尊
尒時諸梵天王偈讚佛已各作是言唯願世
尊哀愍一切轉於法輪度脫衆生時諸梵天
王一心同聲而說偈言
大聖轉法輪 顯示諸法相 度苦惱衆生 令得大歡喜
衆生聞此法 得道若生天 諸惡道減少 忍善者增益
尒時大通智勝如來嘿然許之又諸比丘南
方五百萬億國土諸大梵王各自見宮殿光
明照曜昔所未有歡喜踊躍生希有心即各
相詣共議此事以何因緣我等宮殿有此光
曜而彼衆中有一大梵天王名曰妙法爲諸
梵衆而說偈言
我等諸宮殿 光明甚威曜 此非無因緣 是相宜求之
過於百千劫 未曾見是相 爲大德天生 爲佛出世間

介時五百萬億諸梵天王與宮殿俱各以衣
裓盛諸天華共詣北方推尋是相見大通智
勝如來處于道場菩提樹下坐師子座諸天
龍王乾闥婆緊那羅摩睺羅伽人非人等恭
敬圍繞及見十六王子請佛轉法輪時諸梵
天王頭面礼佛繞百千帀即以天華而散佛
上所散之華如須弥山并以供養佛菩提樹
華供養已各以宮殿奉上彼佛而作是言唯
見哀愍饒益我等所獻宮殿願垂納受介
介時諸梵天王即於佛前一心同聲以偈頌
曰
世尊甚難見　破諸煩惱者　過百三十劫　今乃得一見
諸飢渴眾生　以法雨充滿　昔所未曾見　無量智慧者
如優曇鉢羅　今日乃值遇　我等諸宮殿　蒙光故嚴飾
世尊大慈愍　唯願垂納受

世尊大慈愍　唯願垂納受
尒時諸梵天王偈讚佛已各作是言唯願世
尊轉於法輪令一切世間諸天魔梵沙門婆
羅門皆獲安隱而得度脫時梵天王一心
同聲以偈頌曰
唯願天人尊　轉無上法輪　擊于大法鼓　而吹大法螺
普雨大法雨　度無量衆生　我等咸歸請　當演深遠音
尒時大通智勝如來嘿然許之西南方乃至
下方亦復如是尒時上方五百萬億國土諸
大梵王皆悉自覩所止宮殿光明威曜昔所
未有歡喜踊躍生希有心即各相詣共議此
事以何因緣我等宮殿有斯光明時彼衆中
有一大梵天王名曰尸棄為諸梵衆而說偈
言

今以何因緣　我等諸宮殿　威德光明曜　嚴飾未曾有
如是之妙相　昔所未聞見　為大德天王　為佛出世間
尒時五百萬億諸梵天王與宮殿俱各以衣
祴盛諸天華共詣下方推尋是相見大通智
勝如來處于道場菩提樹下坐師子座諸天
龍王乹闥婆緊那羅摩睺羅伽人非人等恭
敬圍繞及見十六王子請佛轉法輪時諸梵
天王頭面礼佛繞百千帀即以天華而散佛
上所散之華如須弥山并以供養佛菩提樹
華供養已各以宮殿奉上彼佛而作是言唯
見哀愍饒益我等所獻宮殿願垂納處時諸
梵天王即於佛前一心同聲以偈頌曰
善哉見諸佛　救世之聖尊　能於三界獄　勉出諸衆生
普智天人尊　愍哀羣萠類　能開甘露門　廣度於一切
於昔無量劫　空過無有佛　世尊未出時　十方常闇冥

善哉見諸佛　救世之聖尊　能於三界獄　勉出諸衆生
普智天人尊　慜哀羣萠類　能開甘露門　廣度於一切
於昔無量劫　空過無有佛　世尊未出時　十方常暗瞑
三惡道增長　阿脩羅亦盛　諸天衆轉減　死多墮惡道
不從佛聞法　常行不善事　色力及智慧　斯等皆減少
罪業因緣故　失樂及樂想　住於邪見法　不識善儀則
不蒙佛所化　常墮於惡道　佛爲世間眼　久遠時乃出
哀慜諸衆生　故現於世間　超出成正覺　我等甚欣慶
及餘一切衆　喜歎未曾有　我等諸宫殿　蒙光故嚴餝
今以奉世尊　唯垂哀納受　願以此功德　普及於一切
我等與衆生　皆共成佛道
尒時五百萬億諸梵天王偈讚佛已各白佛
言唯願世尊轉於法輪多所安隱多所度脫
時諸梵天王而說偈言
世尊轉法輪　擊甘露法鼓　度苦惱衆生　開示涅槃道

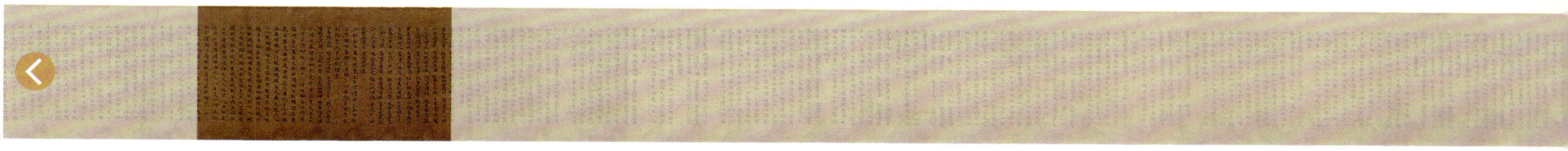

以演深遠音　以大微妙音　哀愍而敷演　無量劫習法
尒時大通智勝如來受十方諸梵天王及十
六王子請即時三轉十二行法輪若沙門婆
羅門若天魔梵及餘世間所不能轉謂是苦
是苦集是苦滅是苦滅道及廣說十二因緣
法無明緣行行緣識識緣名色名色緣六入
六入緣觸觸緣受受緣愛愛緣取取緣有有
緣生生緣老死憂悲苦惱無明滅則行滅行
滅則識滅識滅則名色滅名色滅則六入滅
六入滅則觸滅觸滅則受滅受滅則愛滅愛
滅則取滅取滅則有滅有滅則生滅生滅則
老死憂悲苦惱滅佛於天人大眾之中說是
法時六百萬億那由他人以不受一切法故
而於諸漏心得解脫皆得深妙禪定三明六
通具八解脫第二第三第四說法時千萬億

而於諸漏心得解脫皆得深妙禪定三明六
通具八解脫第二第三第四說法時千萬億
恒河沙那由他等衆生亦以不受一切法故
而於諸漏心得解脫從是已後諸聲聞衆無
量無邊不可稱數尒時十六王子皆以童子
出家而爲沙弥諸根通利智慧明了已曾供
養百千萬億諸佛淨脩梵行求阿耨多羅三
藐三菩提俱白佛言世尊是諸無量千萬億
大德聲聞皆已成就世尊亦當爲我等說阿
耨多羅三藐三菩提法我等聞已皆共脩學
世尊我等志願如來知見深心所念佛自證
知尒時轉輪聖王所將衆中八萬億人見十
六王子出家亦求出家王即聽許尒時彼佛
受沙弥請過二萬劫已乃於四衆之中說是

大乘經名妙法蓮華教菩薩法佛所護念說
是經已十六沙弥爲阿耨多羅三藐三菩提
故皆共受持諷誦通利說是經時十六菩薩
沙弥皆悉信受聲聞衆中亦有信解其餘衆
生千萬億種皆生疑惑佛說是經於八千劫
未曾休癈說此經已即入靜室住於禪定八
萬四千劫是時十六菩薩沙弥知佛入室寂
然禪定各昇法座亦於八萬四千劫爲四部
衆廣說分別妙法華經一一皆度六百萬億
那由他恒河沙等衆生示教利喜令發阿耨
多羅三藐三菩提心大通智勝佛過八萬四
千劫已從三昧起往詣法座安詳而坐普告
大衆是十六菩薩沙弥甚爲希有諸根通利
智慧明了已曾供養無量千萬億數諸佛於
諸佛所常脩梵行受持佛智開示衆生令入

智慧明了已曾供養百千萬億數諸佛於
諸佛所常脩梵行受持佛智開示衆生令入
其中汝等皆當數數親近而供養之所以者
何若聲聞辟支佛及諸菩薩能信是十六菩
薩所說經法受持不毀者是人皆當得阿耨
多羅三藐三菩提如来之慧佛告諸比丘是
十六菩薩常樂說是妙法蓮華經一一菩薩
所化六百萬億那由他恒河沙等衆生世世
所生與菩薩俱從其聞法悉皆信解以此因
緣得值四萬億諸佛世尊于今不盡諸比丘
我今語汝彼佛弟子十六沙弥今皆得阿耨
多羅三藐三菩提於十方國土現在說法有
無量百千萬億菩薩聲聞以為眷屬其二沙
弥東方作佛一名阿閦在歡喜國二名須弥
頂東南方二佛一名師子音二名師子相南

方二佛一名虛空住二名常滅西南方二佛
一名帝相二名梵相西方二佛一名阿弥陁
二名度一切世間苦惱西北方二佛一名多
摩羅跋栴檀香神通二名須弥相北方二佛
一名雲自在二名雲自在王東北方佛名壊
一切世間怖畏第十六我釋迦牟尼佛於娑
婆國土成阿耨多羅三藐三菩提諸比丘我
等為沙弥時各各教化無量百千萬億恒河
沙等衆生從我聞法為阿耨多羅三藐三菩
提此諸衆生于今有住聲聞地者我常教化
阿耨多羅三藐三菩提是諸人等應以是法
漸入佛道所以者何如来智慧難信難解尒
時所化無量恒河沙等衆生者汝等諸比丘
及我滅度後未来世中聲聞弟子是也我滅
度後復有弟子不聞是經不知不覺菩薩所

及我滅度後未來世中聲聞弟子是也我滅
度後復有弟子不聞是經不知不覺菩薩所
行自於所得功德生滅度想當入涅槃我於
餘國作佛更有異名是人雖生滅度之想入
於涅槃而於彼土求佛智慧得聞是經唯以
佛乘而得滅度更無餘乘除諸如來方便說
法諸比丘若如來自知涅槃時到衆又清淨
信解堅固了達空法深入禪定便集諸菩薩
及聲聞衆為說是經世間無有二而乘得滅
度唯一佛乘得滅度耳比丘當知如來方便
深入衆生之性知其志樂小法深著五欲為
是等故說於涅槃是人若聞則便信受譬如
五百由旬險難惡道曠絕無人怖畏之處若
有多衆欲過此道至珎寶處有一導師聰慧
明達善知險道通塞之相將導衆人欲過此

難所將人眾中路懈退白導師言我等疲極
而復怖畏不能復進前路猶遠今欲退還導
師多諸方便而作是念此等可愍云何捨大
珍寶而欲退還作是念已以方便力於險道
中過三百由旬化作一城告眾人言汝等勿
怖莫得退還今此大城可於中止隨意所作
若入是城快得安隱若能前至寶所亦可得
去是時疲極之眾心大歡喜歎未曾有我等
今者免斯惡道快得安隱於是眾人前入化
城生已度想生安隱想尒時導師知此人眾
既得止息無復疲惓即滅化城語眾人言汝
等去來寶處在近向者大城我所化作為止
息耳諸比丘如來亦復如是今為汝等作大
導師知諸生死煩惱惡道險難長遠應去
應度若眾生但聞一佛乘者則不欲見佛不欲

應度若衆生但聞一佛乘者則不欲見佛不欲
親近便作是念佛道長遠久受懃苦乃可得
成佛知是心怯弱下劣以方便力而於中道爲
止息故說二涅槃若衆生住於二地如來
尒時即便爲說汝等所作未辦汝所住地近
於佛慧當觀察籌量所得涅槃非真實也
但是如來方便之力於一佛乘分別說三如彼
導師爲止息故化作大城既知息已而告之
言寶處在近此城非實我化作耳尒時世尊
欲重宣此義而說偈言

大通智勝佛　十劫坐道場　佛法不現前　不得成佛道
諸天神龍王　阿脩羅衆等　常雨於天華　以供養彼佛
諸天擊天鼓　并作衆伎樂　香風吹萎華　更雨新好者
過十小劫已　乃得成佛道　諸天及世人　心皆懷踊躍

彼佛十六子　皆與其眷屬　千萬億圍遶　俱行至佛所
頭面礼佛足　而請轉法輪　聖師子法雨　充我及一切
世尊甚難值　久遠時一現　為覺悟羣生　震動於一切
東方諸世界　五百萬億國　梵宮殿光曜　昔所未曾有
諸梵見此相　尋來至佛所　散華以供養　并奉上宮殿
請佛轉法輪　以偈而讚歎　佛知時未至　受請嘿然坐
三方及四維　上下亦復尒　散華奉宮殿　請佛轉法輪
世尊甚難值　願以大慈悲　廣開甘露門　轉無上法輪
無量慧世尊　受彼眾人請　為宣種種法　四諦十二緣
無明至老死　皆從生緣有　如是眾過患　汝等應當知
宣暢是法時　六百萬億姟　得盡諸苦際　皆成阿羅漢
第二說法時　千萬恒沙眾　於諸法不受　亦淂阿羅漢
從是後淂道　其數無有量　萬億劫筭數　不能淂其邊
時十六王子　出家作沙彌　皆共請彼佛　演說大乘法
我等及營從　皆當成佛道　願淂如世尊　慧眼第一淨

時十六王子 出家作沙弥 皆共請彼佛 演說大乘法
我等及營從 皆當成佛道 願得如世尊 慧眼第一淨
佛知童子心 宿世之所行 以無量因緣 種種諸譬喻
說六波羅蜜 及諸神通事 分別真實法 菩薩所行道
說是法華經 如恒河沙偈 彼佛說經已 靜室入禪定
一心一處坐 八萬四千劫 是諸沙弥等 知佛禪未出
爲無量億衆 說佛無上慧 各各坐法座 說是大乘經
於佛宴寂後 宣揚助法化 一一沙弥等 所度諸衆生
有六百萬億 恒河沙等衆 彼佛滅度後 是諸聞法者
在在諸佛土 常與師俱生 是十六沙弥 具足行佛道
今現在十方 各得成正覺 尒時聞法者 各在諸佛所
其有住聲聞 漸教以佛道 我在十六數 曾亦爲汝說
是故以方便 引汝趣佛慧 以是夲因緣 今說法華經
令汝入佛道 慎勿懷驚懼 譬如險惡道 向絕多毒獸
又復無水草 人所怖畏處 無數千萬衆 欲過此險道

其路甚曠遠　經五百由旬　時有一導師　強識有智慧
明了心決定　在險濟眾難　眾人皆疲惓　而白導師言
我等今頓乏　於此欲退還　導師作是念　此輩甚可愍
如何欲退還　而失大珍寶　尋時思方便　當設神通力
化作大城郭　莊嚴諸舍宅　周帀有園林　渠流及浴池
重門高樓閣　男女皆充滿　即作是化已　慰眾言勿懼
汝等入此城　各可隨所樂　諸人既入城　心皆大歡喜
皆生安隱想　自謂已得度　導師知息已　集眾而告言
汝等當前進　此是化城耳　我見汝疲極　中路欲退還
故以方便力　權化作此城　汝今勤精進　當共至寶所
我亦復如是　為一切導師　見諸求道者　中路而懈廢
不能度生死　煩惱諸險道　故以方便力　為息說涅槃
言汝等苦滅　所作皆已辦　既知到涅槃　皆得阿羅漢
尒乃集大眾　為說真實法　諸佛方便力　分別說三乘
唯有一佛乘　息處故說二　今為汝說實　汝所得非滅

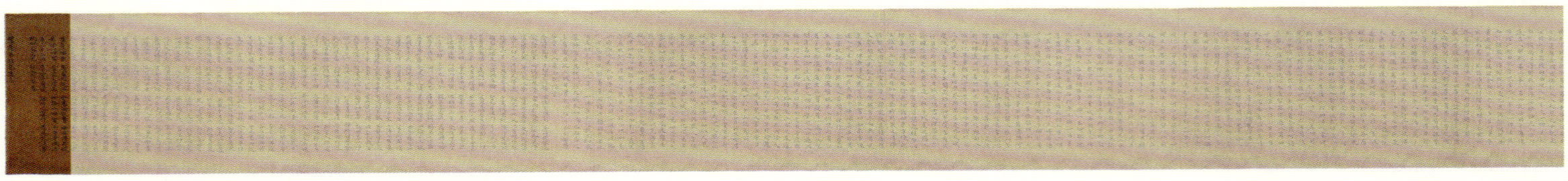

唯有一佛乘　息處故說二　今為汝說實　汝所得非滅
為佛一切智　當發大精進　汝證一切智　十力等佛法
具三十二相　乃是真實滅　諸佛之導師　為息說涅槃
既知是息已　引入於佛慧

妙法蓮華經卷第三

BD00498 金剛般若波羅蜜經

（後秦）鳩摩羅什 譯

BD00498v 妙法蓮華經卷二外題

307.6cm × 25.8cm

金剛般若波羅蜜經

如是我聞一時佛在舍衛國祇樹給孤獨園
與大比丘衆千二百五十人俱尒時世尊食
時著衣持鉢入舍衛大城乞食於其城中次

第乞已還至本處飯食訖收衣鉢洗足已敷
座而坐時長老須菩提在大眾中即從座起
偏袒右肩右膝著地合掌恭敬而白佛言希
有世尊如来善護念諸菩薩善付囑諸菩薩
世尊如来善護念諸菩薩善付囑諸菩薩世
尊善男子善女人發阿耨多羅三藐三菩提
心應云何住云何降伏其心佛言善哉善哉
須菩提如汝所說如来善護念諸菩薩善付
囑諸菩薩汝今諦聽當為汝說善男子善女
人發阿耨多羅三藐三菩提心應如是住如是
降伏其心唯然世尊願樂欲聞
佛告須菩提諸菩薩摩訶薩應如是降伏
其心所有一切眾生之類若卵生若胎生
若濕生若化生若有色若无色若有想若

若濕生若化生若有色若无色若有想若
无想若非有想若非无想我皆令入无餘涅
槃而滅度之如是滅度无量无數无邊衆生實
无衆生得滅度者何以故須菩提若菩薩有
我相人相衆生相壽者相即非菩薩
復次須菩提菩薩於法應无所住行於布
施所謂不住色布施不住聲香味觸法布
施須菩提菩薩應如是布施不住於相何以
故若菩薩不住相布施其福得不可思量須
菩提於意云何東方虛空可思量不不也世
尊須菩提南西北方四維上下虛空可思量
不不也世尊須菩提菩薩无住相布施福德
亦復如是不可思量須菩提菩薩但應如所

教住須菩提於意云何可以身相見如來不
不也世尊不可以身相得見如來何以故如來
所說身相即非身相佛告須菩提凡所有相
皆是虛妄若見諸相非相即見如來
須菩提白佛言世尊頗有衆生得聞如是言
說章句生實信不佛言須菩提莫作是說如
來滅後後五百歲有持戒脩福者於此章
句能生信心以此為實當知是人不於一佛二
佛三四五佛而種善根已於无量千万佛所種
諸善根聞是章句乃至一念生淨信者須菩
提如來悉知悉見是諸衆生得如是无量福
德何以故是諸衆生无復我相人相衆生相
壽者相无法相亦无非法相何以故是諸衆
生若心取相則為著我人衆生壽者若取

BD00498　金剛般若波羅蜜經

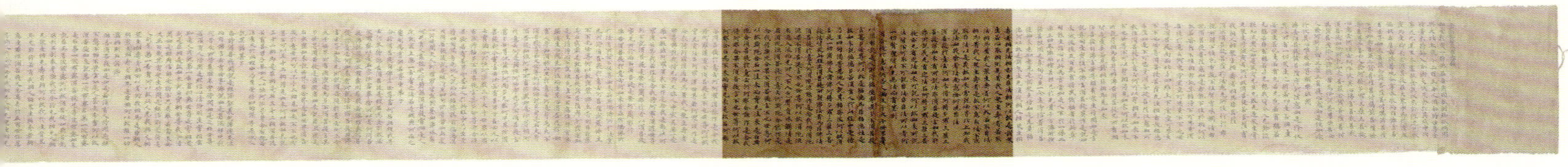

壽者相无法相亦无非法相何以故是諸衆
生若心取相則爲着我人衆生壽者若取
法相即着我人衆生壽者何以故若取非法
相即着我人衆生壽者是故不應取法不應
取非法以是義故如來常説汝等比丘知我
説法如筏喻者法尚應捨何况非法
須菩提於意云何如來得阿耨多羅三藐三
菩提耶如來有所説法耶須菩提言如我解
佛所説義无有定法名阿耨多羅三藐三菩
提亦无有定法如來可説何以故如來所説
法皆不可取不可説非法非非法所以者何
一切賢聖皆以无爲法而有差別
須菩提於意云何若人滿三千大千世界七寶
以用布施是人所得福德寧爲多不須菩提

言甚多世尊何以故是福德即非福德性是
故如來說福德多若復有人於此經中受持
乃至四句偈等為他人說其福勝彼何以故須
菩提一切諸佛及諸佛阿耨多羅三藐三菩
提法皆從此經出須菩提所謂佛法者即非佛法
須菩提於意云何須陁洹能作是念我得須陁
洹果不須菩提言不也世尊何以故須陁洹
名為入流而无所入不入色聲香味觸法是
名須陁洹須菩提於意云何斯陁含能作是
念我得斯陁含果不須菩提言不也世尊何
以故斯陁含名一往來而實无往來是名斯
陁含須菩提於意云何阿那含能作是念我
得阿那含果不須菩提言不也世尊何以故
阿那含名為不來而實无來是故名阿那

得阿那含果不須菩提言不也世尊何以故
阿那含名為不來而實无來是故名阿那
含須菩提於意云何阿羅漢能作是念我
得阿羅漢道不須菩提言不也世尊何以故
實无有法名阿羅漢世尊若阿羅漢作是
念我得阿羅漢道即為著我人衆生壽者
世尊佛說我得无諍三昧人中最為第一是
第一離欲阿羅漢我不作是念我是離欲阿
羅漢世尊我若作是念我得阿羅漢道世尊
則不說須菩提是樂阿蘭那行者以須菩提
實无所行而名須菩提是樂阿蘭那行
佛告須菩提於意云何如來昔在然燈佛所
於法有所得不世尊如來在然燈佛所於法實
无所得須菩提於意云何菩薩莊嚴佛土

不不也世尊何以故莊嚴佛土者則非莊嚴
是名莊嚴是故須菩提諸菩薩摩訶薩應如
是生清淨心不應住色生心不應住聲香味
觸法生心應无所住而生其心須菩提譬如
有人身如須弥山王於意云何是身為大不
須菩提言甚大世尊何以故佛說非身是名大身
須菩提如恒河中所有沙數如是沙等恒河
於意云何是諸恒河沙寧為多不須菩提言
甚多世尊但諸恒河尚多无數何況其沙須
菩提我今實言告汝若有善男子善女人以
七寶滿尒所恒河沙數三千大千世界以用
布施得福多不須菩提言甚多世尊佛告須
菩提若有善男子善女人於此經中乃至受
持四句偈等為他人說而此福德勝前福德復

菩提若有善男子善女人於此經中乃至受
持四句偈等為他人說而此福德勝前福德復
次須菩提隨說是經乃至四句偈等當知此處
一切世間天人阿脩羅皆應供養如佛塔廟
何況有人盡能受持讀誦須菩提當知是人
成就最上第一希有之法若是經典所在之
處則為有佛若尊重弟子
尒時須菩提白佛言世尊當何名此經我等
云何奉持佛告須菩提是經名為金剛般若
波羅蜜以是名字汝當奉持所以者何須菩
提佛說般若波羅蜜則非般若波羅蜜須菩
提於意云何如來有所說法不須菩提白佛
言世尊如來无所說須菩提於意云何三千
大千世界所有微塵是為多不須菩提言甚

多世尊須菩提是諸微塵如來說非微塵是
名微塵如來說世界非世界是名世界須菩
提扵意云何可以三十二相見如來不不也世
尊不可以三十二相得見如來何以故如來說
三十二相即是非相是名三十二相須菩提
若有善男子善女人以恒河沙䒭身命布施若
復有人扵此經中乃至受持四句偈䒭為他人
說其福甚多
尒時須菩提聞說是經深解義趣涕淚悲泣
而白佛言希有世尊佛說如是甚深經典我
從昔來所得慧眼未曾得聞如是之經世尊
若復有人得聞是經信心清淨則生實相當
知是人成就第一希有功德世尊是實相者
則是非相是故如來說名實相世尊我今得

BD00498　金剛般若波羅蜜經

知是人成就第一希有功德世尊是實相者
則是非相是故如來說名實相世尊我今得
聞如是經典信解受持不足為難若當來世
後五百歲其有眾生得聞是經信解受持是
人則為第一希有何以故此人无我相人相
眾生相壽者相所以者何我相即是非相人
相眾生相壽者相即是非相何以故離一切
諸相則名諸佛
佛告須菩提如是如是若復有人得聞是經
不驚不怖不畏當知是人甚為希有何以故
須菩提如來說第一波羅蜜非第一波羅蜜
是名第一波羅蜜須菩提忍辱波羅蜜如來
說非忍辱波羅蜜何以故須菩提如我昔為
歌利王割截身體我於尒時无我相无人相

无衆生相无壽者相何以故我於往昔節

節支解時若有我相人相衆生相壽者相

應生瞋恨須菩提又念過去於五百世作忍

辱仙人於尒所世无我相无人相无衆生相无

壽者相是故須菩提菩薩應離一切相發阿

耨多羅三藐三菩提心不應住色生心不應住

聲香味觸法生心應生无所住心若心有住則

為非住是故佛說菩薩心不應住色布施須

菩提菩薩為利益一切衆生應如是布施如来

說一切諸相即是非相又說一切衆生則非衆

生須菩提如来是真語者實語者如語者

不誑語者不異語者須菩提如来所得法此

法无實无虛須菩提若菩薩心住於法而行

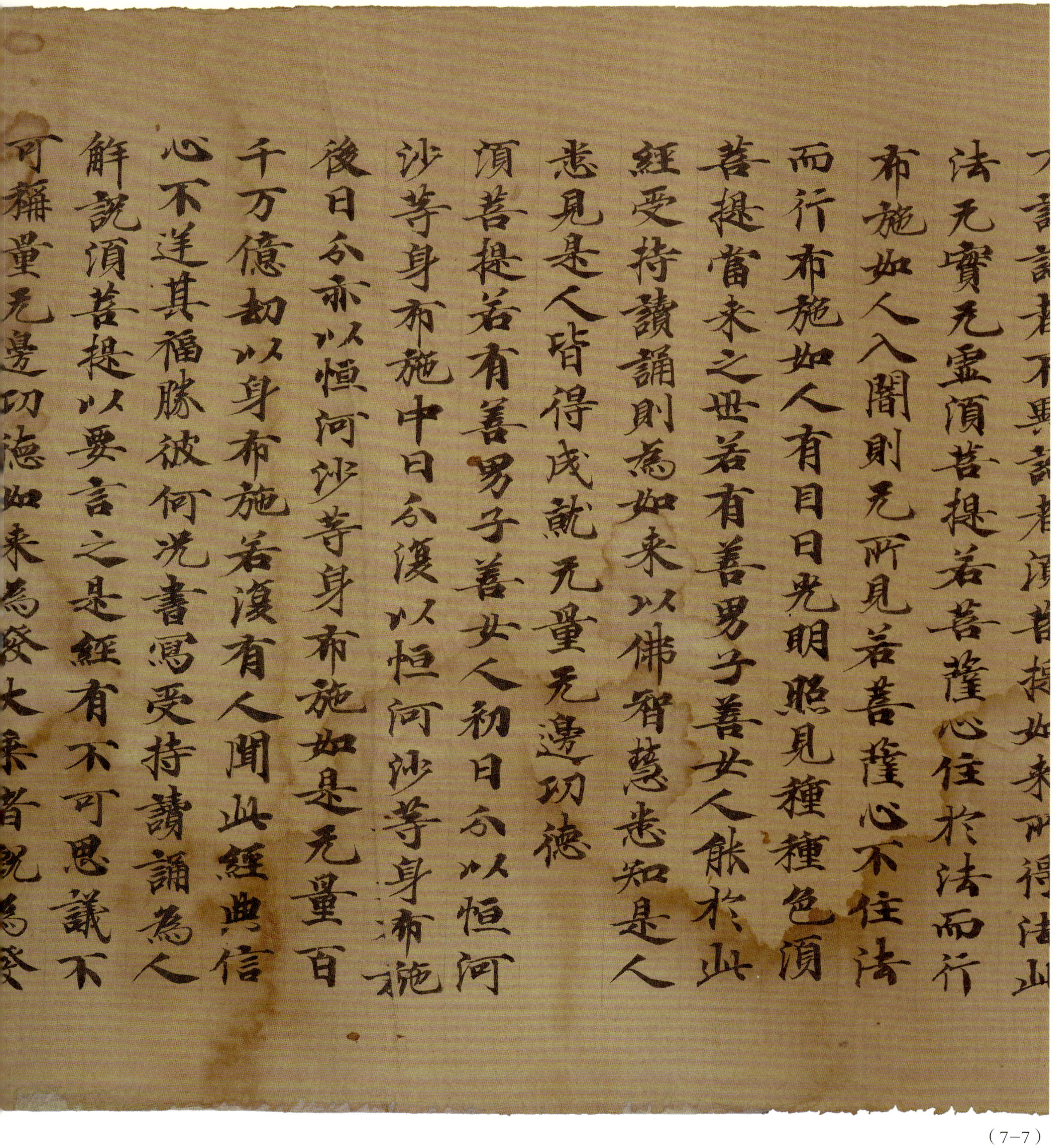

不誑語者不異語者須菩提如來所得法此
法无實无虛須菩提若菩薩心住於法而行
布施如人入闇則无所見若菩薩心不住法
而行布施如人有目日光明照見種種色須
菩提當來之世若有善男子善女人能於此
經受持讀誦則為如來以佛智慧悉知是人
悉見是人皆得成就无量无邊功德
須菩提若有善男子善女人初日分以恒河
沙等身布施中日分復以恒河沙等身布施
後日分亦以恒河沙等身布施如是无量百
千万億劫以身布施若復有人聞此經典信
心不逆其福勝彼何況書寫受持讀誦為人
解說須菩提以要言之是經有不可思議不
可稱量无邊功德如來為發大乘者說為發

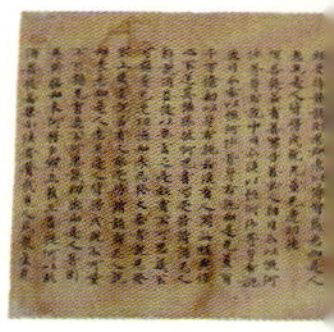

乘者說若有人能受持讀誦廣為人說
如來悉知是人悉見是人皆得成就不可量
不可稱无有邊不可思議功德如是人等則
為荷擔如來阿耨多羅三藐三菩提何以故
須菩提若樂小法者著我見人見眾生見

BD00498v　妙法蓮華經卷二外題

BD00499 大般若波羅蜜多經卷三七

（唐）玄奘 譯

85.6cm × 29.2cm

空不離
觸法處亦復如是是故世尊脩行般若波羅
蜜多諸菩薩摩訶薩不應住色處乃至不應
住法處世尊脩行般若波羅蜜多諸菩薩
摩訶薩不應住眼界色界眼識界及眼
觸眼觸為緣所生諸受何以故世尊眼界眼
界性空乃至眼觸為緣所生諸受眼觸為緣
所生諸受性空世尊是眼界非眼界空是眼
界空非眼界眼界不離空空不離眼界眼界
即是空空即是眼界色界乃至眼觸為緣所
生諸受亦復如是是故世尊脩行般若波羅
蜜多諸菩薩摩訶薩不應住眼界乃至不應
住眼觸為緣所生諸受世尊脩行般若波羅
蜜多諸菩薩摩訶薩不應住耳界聲界耳識

界及耳觸耳觸爲緣所生諸受何以故世尊
耳界耳界性空乃至耳觸爲緣所生諸受
耳觸爲緣所生諸受性空世尊是耳界非耳
界空是耳界空非耳界耳界不離空空不離
耳界耳界即是空空即是耳界聲界乃至耳
觸爲緣所生諸受亦復如是是故世尊脩行
般若波羅蜜多諸菩薩摩訶薩不應住耳界
乃至不應住耳觸爲緣所生諸受世尊脩行般
若波羅蜜多諸菩薩摩訶薩不應住鼻界香
界鼻識界及鼻觸鼻觸爲緣所生諸受何以
故世尊鼻界鼻界性空乃至鼻觸爲緣所生
諸受鼻觸爲緣所生諸受性空世尊是鼻界
非鼻界空是鼻界空非鼻界鼻界不離空空
不離鼻界鼻界即是空空即是鼻界香界乃
至鼻觸爲緣所生諸受亦復如是是故世尊

不離鼻界鼻界即是空空即是鼻界香界乃
至鼻觸為緣所生諸受亦復如是是故世尊
脩行般若波羅蜜多諸菩薩摩訶薩不應
住鼻界乃至不應住鼻觸為緣所生諸受世
尊脩行般若波羅蜜多諸菩薩摩訶薩不
應住舌界味界舌識界及舌觸舌觸為緣所
生諸受何以故世尊舌界舌界性空乃至舌
觸為緣所生諸受舌觸為緣所生諸受性空
世尊是舌界非舌界空是舌界空非舌界舌
界不離空空不離舌界舌界即是空空即是
舌界味界乃至舌觸為緣所生諸受亦復如
是是故世尊脩行般若波羅蜜多諸菩薩摩
訶薩不應住舌界乃至不應住舌觸為緣所
生諸受世尊脩行般若波羅蜜多諸菩薩摩
訶薩不應住身界觸界身識界及身觸身

觸為緣所生諸受性空故世尊身界身界性
空乃至身觸為緣所生諸受身觸為緣所
生諸受性空世尊是身界非身界空是身界
空非身界身界不離空空不離身界身界
即是空空即是身界觸界乃至身觸為緣所
生諸受亦復如是是故世尊脩行般若波羅蜜
多諸菩薩摩訶薩不應住身界乃至不應住
身觸為緣所生諸受世尊脩行般若波羅蜜
多諸菩薩摩訶薩不應住意界法界意識

BD00500 四分律戒本疏卷三

沙門慧述

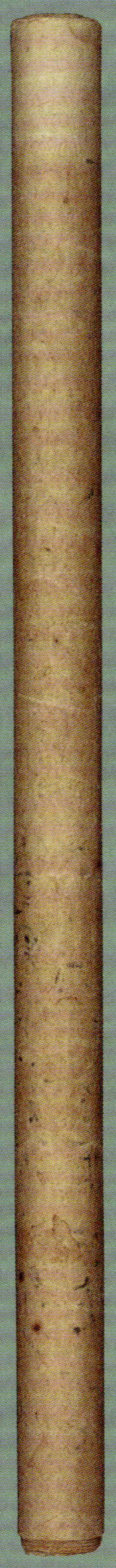

105cm×26.8cm

不受食□□□□□□□□□返復者是結犯句行亦若不受如上
等食隨咽隨犯了論云若破戒破見別住十三難三舉滅擯應滅擯學悔等
人所受食清淨者若取食不成受五分云從人受成若從非人畜生受亦不
成在曠野無淨人處聽自洗燒器安水淨人安末自為若取從他受亦稱
者曠野中行牛上受食長繩連細一日一繫置牛上人不得觸之至時一比丘
引繩一比丘受取又云受等十六飛鳥來啄口去但棄啄處餘殘得食見云
若天人神鬼畜生飛鳥皆成又若虫在器中可除者去之餘者不犯細
者更受若病急緣大小便灰土得自取十六取擿食行不使人見若食當
不道取一獨不受而食此是無人處若有人自擿根從易淨食又山野
受無人者日中不得往返應七日自作先淨來取秋去只有熱乳生酥須
咽楊枝汁應受若誤咽不犯若淨人行果塩菜應諸熟致果墮草上
即去者不名受小停者名受若淨人難得自至食受想受而行若
淨人舉不離地名名受而非威儀律云若正不正食不與自取著口中
咽咽隨非時七日限過名隨盡並犯無緣不受食犯吉不犯者取水楊枝淨
若不受藕油瘡鼻與膚俱出餘不犯若乞食時鳥銜食若風吹墮
盂中除去此食乃至一指爪可除者不犯　索美食第卅　制意者出
家之士待廉絜今就著美味求索好食長已貪結擾亂施主招世
譏過是故聖制制緣有五一是美食二乳酪魚肉等三隨非親乞三為己乞

識過是故聖制別緣有五一是美食乳酪魚肉等二隨道非親比丘三為己乞
四無因緣為病一至開不堪食飽者五食即犯　已下正明戒本此因跋難陀
從檀越索親食被呵責比丘舉過因制此戒　若比丘得好美飲食乳酪魚
及肉若比丘如是美飲食無病自為己索者波逸提　此第三戒本文有
四句一犯人二食多體三無緣四為己結罪　弁相者可知釋律云不得從屠家
乳酪家乞恐招譏過蠶家乞綿絲例　問律結正吉者何答之正是女
弱求索美食女人所譏為之義希故犯吉大僧丈夫身報力健責乞
美食貧身數故是以犯提　律云不犯者病人自乞為病人乞或自他
乞乞不求自得並皆不犯　與外道食戒第卌一　制意者三種過故制不
與食一異學情及恒壞壞外難與亂理難復惠施不荷其恩又生譏
謗二邪見乘宗非真福田今以務主之食授與外道損他施主不得
勝田獲反報之福三弱自持食授與外道容生我倒謂外道是勝比
丘不如斯過故不許自手與食　別緣有六一是出家外道既去在
家外道是裸比丘自衣輕故爾二知是出家外道不知犯輕三非親若與
父母外道恩重故聽四是食與衣義希故犯小罪五自手與除置地
人與不犯六彼手受即犯　已下正明戒本此戒因阿難與殘食與乞
人故又外道得食反謗於佛便制斯戒　若比丘外道男外道女自手

人故又外道得食反謗故佛便制斯戒　若比丘外道男外道女自手
与食者千波逸提・　此滿足戒本文有四句一犯人二所与處三興業四結集
言比丘者義上釋　言外道男女者裸形異學人此衆外出家者是言自
手与食者若兩非兩食乃至藥油等不置其地不使人与者名自手与言
波逸提者是遠　句律云汝若受与者提若不受突吉　五分云持已食分一稱
別著使自取不得持僧食与外道乞兒猗蔦等應量已食分多少然後
減不得持分外与　十云外道伺求長短与食不名行家多云与時人見
者自与不犯若僧共与僧食无過唯不得自手与　律云不犯者若置其
地若使人与若与父母外道若作佛塔僧房人計價与若勢力强奪
先受前請後食至他家不囑戒第卅二　三過故制一者乞餘里多務
為善事難撥其家業崇福會已許受請行詣他家既若事
著物處不捶二既有食處冥息緣務道无事遊散妨廢所習三
共衆受請皆入聚落令他施主見僧不集責不設供稽留大衆
使不得飽滿惱衆梁殊深故聖制　別緣有五一先受他請已不受
故佛開不囑村入二食前後三不囑受四白白衣家除諸伽藍又除病作
衣等緣五入門犯　已下五明戒本此戒因跋難陀故今僧食時不得食好
羹故制斯戒　若比丘先受請已前食後食行詣餘家不囑授餘比丘
除餘時波逸提餘時者病時作衣時施衣時是謂餘時此戒文有三段

除餘時波逸提餘時者病時作衣時施衣時是謂餘時此戒文有三段
初略制次隨制後廣制爲前食故初略結爲後食故隨結爲請處
故廣制就廣戒本句有其五一正明是比丘先受他請二食前食後至他家
三囑不授四除開緣五結犯除時者已下釋前第四句弁相具釋初句可
知言前食後食者從明相出至食時名前食從食時至日中名後食
言不囑餘比丘者律云若同一房同住同界者應令知受請受四言除餘
時者是開緣於中有三一病二衣三施衣義如別衆食戒說 五言波逸提者
是遠犯結罪句律云若受請已欲至餘家囑同界者容有覓義故律
云若囑村而中道還若至除家或至寺內庫藏處及聚落邊房若
尼寺若至白衣家還出並失前囑後更當囑他若不爾者入門即犯
律云不犯者 然戒本開緣及無比丘可囑至餘庫藏及尼寺若家家多
數坐具請比丘戒一食隨至曾是請受是故不犯 十誦云若食不足若不盈
除受利不犯 多云壇越明日設供比丘今日犯提除奧不犯 食家強
坐戒卅三 制意者見在家俗人婚會先時少人不去嫌彼邪心遂相逼
辱理非所宜又復出家離欲愛染之所事須防遠容自壞心行非少
譏醜故所以制 別緣有四一是食家覓斷婬欲家及二俱受樂不經二
夫婦常所居屏處三無第四人四申手不及之處坐便犯 已下正明戒本
此句如道當地義起遍通便制戒 若在比丘在食家中有寶強安坐者波逸提

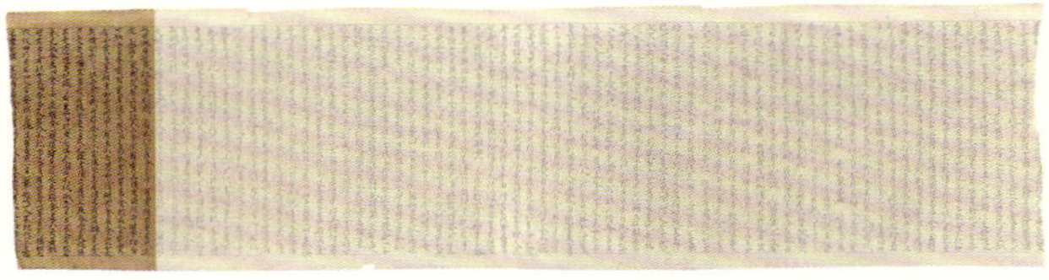

此因迦留陀夷起過便制戒　若比丘在食家中有寶强安坐者波逸
提　此滿足本戒文有三句一犯人二食家有寶三强坐結犯并相中初句
可知二言食家有寶者律云男以女爲食女以男爲食故名食家寶者
者七寶夫妻相重如寶於中有五分云男女情相共食名食家十云
新嫁欲家及俱愛蓋戒名非食家三言强安坐者律云若當舒手不及
一尸受坐以妨其事故名强安坐二言波逸提者律云若比丘在食家夫婦俱
不受蓋覆强坐犯提　若互三句犯吉若俱愛蓋覆不犯欲一云見色受者故名
食也此食名四食之中是觸食以眼根對色故名爲觸食五分云若知
妨其事者犯十三此舍多人出入不犯多云言有寶者以著寶衣莊嚴
欲故四分云第四人皆離俱名提又有吉羅一皆一離共戲人不犯比丘云而
不坐吉羅　不犯者若食家有寶舒手及大受坐若有一比丘爲伴一同識

BD00501 四分律戒本疏卷三

沙門慧 述

185.5cm × 27cm

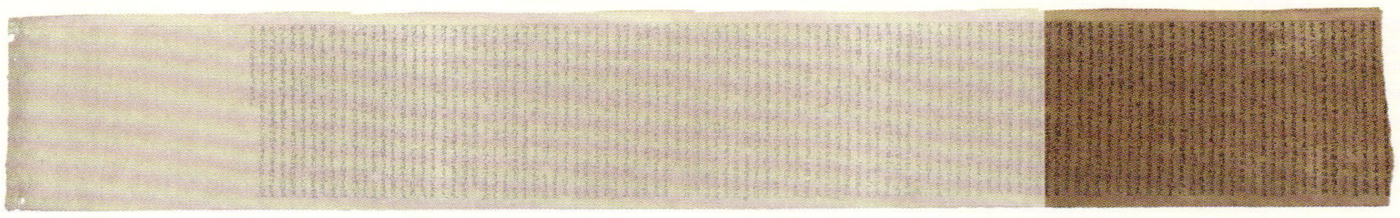

……不異六前既有因緣聽至軍中宜應坐
往復方便往觀過同於初故所制別緣有五一先有緣在軍中宿二軍陣
合戰三方便往觀四方便犯 已下明戒本此同六群有緣在軍觀諸
鬪力中有一人為箭所射居士族慎比丘自作因斯制戒 若比丘二宿三宿
軍中住或時觀軍陣鬪戰若觀遊軍象馬力勢者波逸提 此滿足戒
本文有五句者犯人二有緣先在軍中三或觀者一心明觀兼出軍陣之下
所觀之境於中有四一軍二陣三戰鬪四勢力五者結罪弁相中初句可知
第二句以前戒所明 第三言觀軍陣者是觀業四言軍陣等者軍陣以
前所明鬪戰相狀若戲鬪若真鬪言勢力者象一為力馬力車力
步力等 五言波逸提者是遠犯句輕重不同若比丘往觀見者犯提不
見犯吉餘如前戒 不犯者若有請喚及勢力等難命梵之難雖不離不
犯 飲酒戒五十一 制意者酒為毒水飲則反患令人志性猖狂廣興諸惡
妨脩廢業損道招譏生患之本要宜不禁是故聖制 別緣有三一是酒
二无重病三飲即犯 已下明戒本此同婆伽陁比丘起過故制斯戒 若比丘飲酒
者波逸提 滿足戒本文有三句一犯人二所飲之酒三飲而結罪 弁相中初
句可知 二言飲酒者於中有二初列五種酒以律所明一木酒二穀米酒三蒲
飲米酒四大麥酒五有飲餘法作酒者二就木酒偏舉對蘭律云木酒者有

飲木酒四大麥酒五兩飲除酒作酒者一意木酒偏舉第蘭律云木酒者有其
一梨汁酒二閻浮菓酒三甘蔗酒四舍樓伽果酒五蕤汁酒六蒲桃酒者若以
蜜石蜜雜作乃至蒱桃酒名如是之言故迦提者是偈罪文律云但使是酒
乃至草木作者无酒色香味義非酒而有酒色香味並不犯合服若酒初相
已成皆犯提甜酢酒食麴酒糟一切吉羅十云若似酥酒酢酒糟醬若麴能
醉人四皆犯墮多云酒·想酒疑酒无酒想一切墮罪无酒有酒想酒疑善
莫非取境犯墮謂前有方便又不得强勸飲酒前人若飲勸者犯提不
飲吉羅祇云一切果漿令人醉越若麴飯捐和食者提善見云若酒煮藥故有
酒香味犯吉无香者酒得飲四云以戒為師者不得以草木內酒中滴也安
以降龍故得酒醉表益覆猶乃至仏說偈昔日敬仏今昔不敬昔伏毒龍
今不能降蝦蟆多云此戒極重能作四逆除一破僧又不能破諸佛律行而及
依作衆作業故律重制律云不犯者若有病餘藥治不差以酒爲藥
若以酒塗瘡一切不犯五六云若先習酒人不須者氣絶欲死飲酒不須聽
嗅若若不差者以酒著餅鵝中令食不差者以酒与飲消滅水求戲
吾第五十二　多論云四義故制一佛法尊重理宜表敬令入水極戲相娛並
捉二理宜威儀庠序外長信敬入水遊戲動越威儀損世譏過三世見
脩道入水將戲傷癈正業四宜脩正念入水戲諠令心散乱失正念故是以聖
制　別緣有三一是水二无緣三戲即犯　此戒因十七群比河中浮戲故制是聖

制。　別緣有三：一是水，二无緣，三戲即犯。此戒因十七群河中遊戲，波斯匿王並
見譏嫌，仏使制。　若比丘水中嬉戲者，波逸提。　戒本有三句：一犯人，二水戲，三結
罪。弁相者，初句可知。二言水中戲者，律云放意自恣，從此至彼，逆流順流，出
沒彼若手畫水相灒，乃至以鉢盛水戲棄者是。三言波逸提者，遠犯名律云
比丘水中如上所戲，悉犯提罪。除水已，略漿若酒麥汁器中棄戲，皆犯吉羅。
祇云：水陸至洗灒戲，俱水中者提。五分：搏雪及草頭露棄者吉。伽云：乃至水
諦地名吉。大雲經說：王見遊戲，說偈夫人吉同諸比丘久已離坐戲，罷兼亦遠
水中。云何為人師？諸比丘遊戲已，足之入定，知心，遂以神力應行，而吉夫人見而問
王。說偈：吾家諸比丘久已離坐，罷沙彌尚如是，何況釋迦師？王曰：生信。律云：不
犯者：若道行渡水，中水牽竹木，栰順流上下，若失物沉入水底，出沒彼出或從
此岸渡至彼岸，或等知浮法而擢臂水中，濺水者一切不犯。擊攊比丘戒五十三
事雖是輕過，容至重人之喜為，特宜須禁，所以制。　別緣有五：一大比丘，二作擊
亂意，三手腳十指，四无緣，若眠觸令覺，行來誤觸等不犯，故五觸著即犯。此
戒因六群中一人擊攊十七群中一人，乃至令命終，比丘舉過，仏使呵制。　若比
丘以指相擊攊者，波逸提。　戒本三句：一犯人，二擊攊，三結罪。弁相中初句可知。
二言以指擊攊者，律云指者手腳廿指。三言波逸提者，遠犯罪名。四分以手腳指
擊攊一切提罪。祇云：以指除手腳已，若杖、若拂柄及戶鑰，餘一切物擊攊
者吉。指比丘名提，五指五提，乃至眾多以首其[illegible]

者言指比丘名提五指々五提乃至差會以指某甲言々者名提五衆云若
擧歷沙弥乃至言無生名言律云不犯者若不故作若睡觸令覺若出入行來
若掃地撲觸並不犯　不受諫戒五十四　制意者凡出家之人理宜離惡爲衆
然已遂情將欲作過他以理諫復不從順苟且爲非遠損處重故須聖制
別緣有五一已所作非法事二他以法設諫三知已所作非前人諫者是四拒諫
不受五隨所作犯根本不從語放逸提　已下正明戒本此戒因闡陀比丘犯戒餘
比丘諫言莫作是意不應尔不從他諫即犯罪諸比丘白佛々呵制戒　蓋既
丘不受諫者放逸提　此戒文有三句一犯人二不受諫三結罪。弁相中初句可知
言不受諫者自知作非他勸莫作拒而不從故曰不受諫三言放逸提
者是遠犯罪名釋云但使知已爲非前諫者是故遠偝重是以得提若謂已
所作是前諫者非過輕教於得吉羅隨所作事邊以識事故作以不知得脫
猶犯根本罪此遠一人諫不隨前事結罪輕重但就心弁虛故罪重心實故
輕文中先結心實吉次結心虛提是以律云若他諫言莫作事然故犯根
本不從語吉若自知所作然非故犯根本不從語提　多云欲作並前不受諫
犯吉後作以根本外別得提罪　問遠僧諫中諫竟即犯不諫作事此中何以
諫竟未犯要須待作事此戒既是一人設諫无有僧命衆法可遠是諫竟未
犯要待作事遠諫義成是以不類若尔下拒勸學戒亦是一人所諫而无衆
今可遠一可以諫竟即犯而此竭遠從故諫而犯先是不學此是人數言匠諫

今可遠何以諫竟即犯與比相遠答彼諫而犯先是不學比犯之人最言拒諫
道已不學即是比犯表遠已成故所以犯此諫作犯雖言拒諫道我作者仍猶未
遠未就要待作事遠錄義成　名非一類律云不犯者前人無智報言可問汝師
乃至知諫法者若諫當用若戲語獨語夢語錯說等一切不犯
恐怖比丘戒五十五　制意者凡出家人宜須將護不相惱亂今以六塵等事
遞相恐怖令彼惶懼廢正修業事惱殊深故須制斷　別緣有五一天比丘二任
恐怖意三以六塵等事一一說示言聲等之五前人見聞身知便犯　之下正明戒
本戒因緣比波羅反披拘執衣欲怖佛食還入房佛便可責制戒　若比丘恐怖
他比丘者波逸提　此滿足之戒本文有三句一犯人二恐怖三結罪并相中初句可知
二言恐怖者律開恐業先列名後隨釋言列名彼以色聲香味觸法若事一一示
之言色恐怖者或作象形乃至鬼及獸形如是色恐怖前人言聲恐怖者或見
聲為聲等以如是恐怖前人乃至以法恐怖語前人我見如是相汝當死若失
衣鉢及汝和上名尔毋父母得病若死等以此法恐怖者三言波逸提若是遠犯
句律云若以六事通一一是今彼見聞等若恐怖若恐怖一一皆得提罪若不前人
不事知等一一吉羅律云不犯者或闇地坐無燈火或大小便處遙見謂言惡
獸乃至行聲咳聲觸聲而恐怖者或以色等示人不作恐怖意或若實有是
見夢當死失衣乃至父母重病若死語彼令知及程一切不犯　過半月洗浴
戒五十六　十事五句先答有五制一条般叙二[illegible]

戒五十六　十律云洗浴有五利一除垢穢二身清淨三除身中寒冷病四除風五除安隱故溫室經云除七病故　凡身多不淨事須深除但賤褻不過常令身光潔莊著色身无心厭背亦遠出離故須限約半月一洗々若過即犯　別緣有五一曾見前洗浴二未滿月三更洗浴四无因緣五洗身半犯　已下正明戒本此戒因瓶沙王聽諸比丘於竹園池中常浴六群浴次王与采女梢池相值王竟不浴大臣嫌恚比丘自仏々因制戒　若比丘半月洗浴无病比丘應受不得過除餘時彼逸提餘時者熱時作時風時雨時道行時此是時此滿足之戒本文有四句一犯人二明半月一洗不得過三除開緣四結罪餘時者下誦前第三句弁相中初句可知二言半月洗浴者明半月一浴不得過半月洗謂於半月內不得再洗故曰不得過　疏云應浴日數要滿十五日乃應更洗三先言除除時者明開緣言除熱時律云春殘卌五日夏初一月是熱時天竺熱旱故從三月初至五月十五日此雨月半聽无罪隨國土早晚熱用此限洗又此雨月半時日滿便足是名熱時言病時者四分衣下至身體臭穢是謂病時言作時下至掃屋前地十六乃至掃僧房内地五人多言五六人矣乃至掃屋内地言風雨時者下至一旋風渧雨著身言道行者下至半由旬若來若往者是四言彼逸提者是過洗結罪句律云若過限洗一遍洗身一波逸提若洗半身々突吉羅若方便欲洗不者吉羅　五大云若

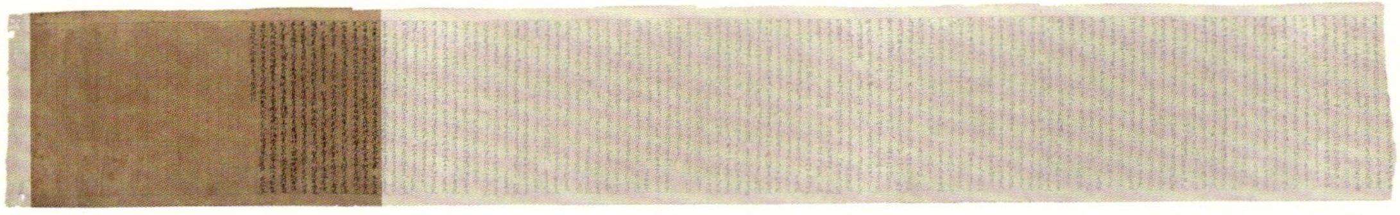

一遍洗身一波逸提若洗半身亦犯提若方便欲洗不者吉羅　五六云若
共白衣同室浴身偷蘭　多云露地不應共欲若在室中知白衣善而
无口過者聽共浴比丘揩白衣者吉若自揩不用他揩者善要着僧祇支
一當有慚愧二不生他欲因説羅漢身軟有人見便起染失根乃至還悔
得本男身　律云不犯者如上六緣開數洗不犯及被勢力所縛維令者不
犯　无事露地然火戒五十七　制意者良以火性焚燒事意无恒容有燒
壞不可禁又復然火辟聚多者從諸蟲循而來是以聖制　別緣有四是
无因緣既去因緣不犯二默无因緣若在覆障處生患義齊多是不犯故須
来二是露地三然草木等既去然炭生過義齊但犯小罪四燒便犯此中但
制无事然火罪不言壞地傷五生種罪上已制竟故尔也此戒曰六群露地
然火枯柀內有蛇得火氣出遂驚擲火燒仏講堂比丘舉過仏便制斯戒
若比丘无病自為炙身故在露地然火教人然火除時因緣波逸提　戒本文
三句一犯人二除病三為己然火結犯

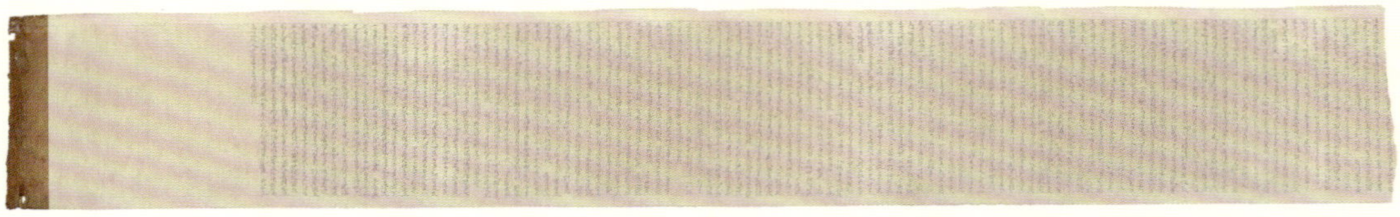

BD00502 梵網經盧舍那佛說菩薩心地戒品第十卷下

（後秦）鳩摩羅什 譯

BD00502v-1 天復六年丙寅歲十一月廿日接袁布戒全還惠永記（擬）

BD00502v-2 丙寅年十一月日就靈圖寺施經布戒記（擬）

544cm × 24.6cm

受諾問若山林樹下僧地房中一切説法處
悉至聽受若不至彼聽受者犯輕垢罪
若佛子心背大乘常住經律言非佛説而受
持二乘聲聞外道惡見一切禁戒邪見經律
者犯輕垢罪
若佛子一切疾病人供養如佛无異八福田
中看病福田苐一福田若父母師弟子病諸
根不具百種病苦惱皆養令差而菩薩以瞋
恨心不至僧房中城邑曠野山林道路中見
病不救濟者犯輕垢罪
若佛子不得畜一切刀杖鬪戰弓箭鉾斧之
具惡網羅煞生之器一切不得畜而菩薩乃
至煞父母尚不加報況煞一切衆生若故畜
刀杖犯輕垢罪

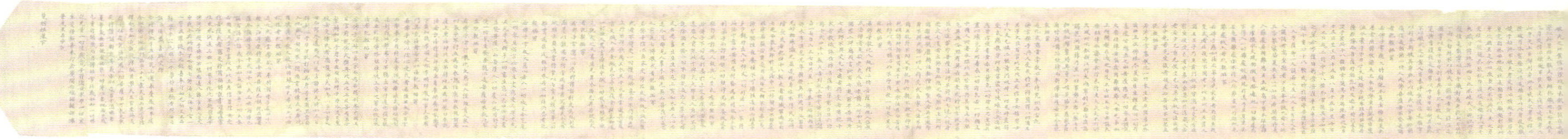

如是十戒應當學敬心奉持下六六品中廣明
佛言佛子為利養惡心故通國使命軍陣合
會興師相煞无量衆生而菩薩不得入陣中
往来况故作國賊若故作者犯輕垢罪
若佛子故販賣良人奴婢六畜市易官材板
木盛死之具尚不故作况教人作犯輕垢罪
若佛子以惡心无事謗他良人善人法師師
僧國王貴人言犯七逆十重父母兄弟六親
中應生孝順心慈心而反更加於逆害墮不
如意處犯輕垢罪
若佛子以惡心故放大火燒山林燒野四月
乃至九月放火若燒他人家屋宅城邑僧房田
木及鬼神官物一切有主物不得故燒犯輕
垢罪

BD00502　梵網經盧舍那佛說菩薩心地戒品第十卷下

垢罪
若佛子自佛子又外道人六親一切善知識
應一一教受持大乘經律中教解義理使發
菩提心發十心起金剛心一一解其次第法
用而菩薩以惡心瞋心橫教二乘聲聞戒經
律外道邪見論等犯輕垢罪
若佛子應好心先學大乘威儀經律廣開解
義味見後新學菩薩有百里千里來求大乘
經律應如法為說一切苦行若燒身燒臂燒
指若不燒身指供養諸佛非出家菩薩乃至
餓虎狼師子口中一切餓鬼悉應捨身肉
手足而供養之後一一次第為說正法使心開
意解而菩薩為利養故應答不答倒說經律
文字无前无後謗三寶說犯輕垢罪

若佛子自為飲食錢物利養名譽故親近國
王王子大臣百官恃作形勢乞索打拍牽挽
撗取錢物一切求利名為惡求多求教他人
求都无慈心无孝順心犯輕垢罪
若佛子學誦戒日日六時持菩薩戒解其
義理佛性之性而菩薩不解一句一偈戒律
因緣詐言能解者即為自欺誑亦欺他人一
不解一切法而為他人作師受戒者犯輕垢
罪
若佛子以惡心持戒比丘手捉香爐行菩薩
行而鬪過兩頭謗欺賢人无惡不造犯輕垢
罪
若佛子以慈心故行放生業一切男子是我
父一切女人是我母我生生无不從之受生

BD00502　梵網經盧舍那佛說菩薩心地戒品第十卷下

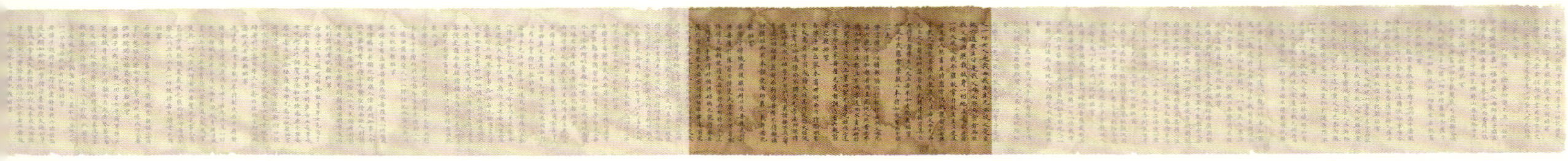

父一切女人是我母我生生无不從之受生
故六道衆生皆是我父母而煞而食者即煞
我父母亦煞我故身一切地土是我先身
一切火風是我本體故常行放生生生受生
若見世人煞畜生時應方便救護解其苦難
常教化講説菩薩戒救度衆生若父母兄弟
死亡之日請法師講菩薩戒經律福資其亡
者得見諸佛生人天上若不尒者犯輕垢罪
如是十戒應當學敬心奉持如滅罪品中明
二一戒
佛言佛子以瞋報瞋以打報打若煞父母兄
弟六親不得加報若國主為他人煞者亦不
德加報煞生報生不順孝道尚不畜奴婢打
拍罵辱日日起三業口罪无量况故作七逆

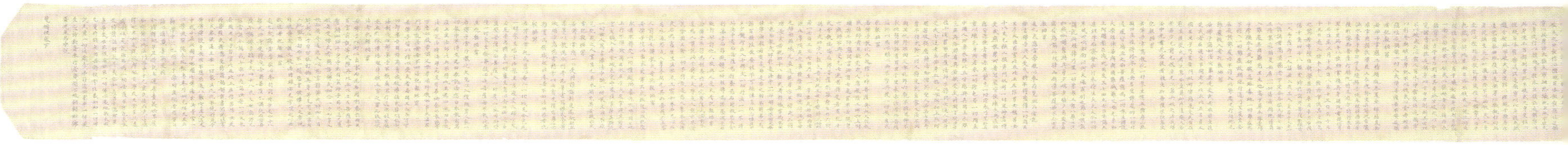

之罪而出家菩薩无慈報讎乃至六親故作
者犯輕垢罪
若佛子始出家未有所解而自恃聰明有
智或高貴年宿或恃大姓高門大解大福饒
財七寶以此憍慢而不諮受先學法師經律
其法師者或小姓年少卑門貧窮諸根不具而實
有德一切經律盡解而新學菩薩不得觀法
師種姓而不來諮受法師第一義諦者犯
輕垢罪
若佛子佛滅度後欲心好心受菩薩戒時於
佛菩薩形像前自誓受戒當七日佛前懺
悔得見好相便得戒若不得好相時以二七三
七乃至一年要得好相得好相已便得佛菩
薩形像前受戒若不得好相雖佛像前受

BD00502　梵網經盧舍那佛說菩薩心地戒品第十卷下

七日至一年要得好相得好相已便得佛菩
薩形像前受戒若不得好相雖佛像前受
戒不得戒若現前先受菩薩戒法師前受戒
時不須要見好相是法師師師相授故不須好
相是以法師前受戒即得戒以生重心故使
得戒若千里内无能受戒師得佛菩薩形像
前受得戒而要見好相若法師身猗解經戒
大乘學戒與國王太子百官以為善友而新
學菩薩來問若經義律義輕心惡心慢心不
好荅問者言而惡心犯輕垢罪
若佛子有佛經戒大乘法正見正性正法身
而不能懃學脩習而捨七寶反學耶見二乘
外道俗典阿毗曇雜論書記是斷佛性鄣道
因緣非行菩薩道者故住犯輕垢罪
若佛子佛滅後為說法主為僧房主教化主

坐禪主行來主應生慈心善和鬪諍善守三
寶物莫无度用如自己有而反乱衆鬪諍恣
心用三寶物犯輕垢罪
若佛子先住僧房中住後見客菩薩比丘来
入僧房舍宅城邑國王宅舍中乃至夏坐安
居處及大會中住僧應迎来送去飲食供養
房舍卧具繩床事事給與若无物應賣自身
及男女身肉賣供給所須悉與之若有檀越
来請衆僧客僧有利養分僧房主應次第差
客僧受請而先住僧獨受請而不差客僧房
主得无量罪畜生无異非沙門非釋種性犯
輕垢罪
若佛子一切不得受别請利養入己而此利
養屬十方僧而别受請即取十方僧物入己

養屬十方僧而別受請即取十方僧物入己，
八福田諸佛聖人一一師僧父母病人物自
己用故犯輕垢罪
若佛子有出家菩薩在家菩薩及一切檀越
請僧福田求願之時應入僧房問知事人今
欲次第請者即得十方賢聖僧而世人別請
百羅漢菩薩僧不如僧次一凡夫僧若別請
僧者是外道法七佛无別請法不順孝道若
故別請僧者犯輕垢罪
若佛子以悪心故為利養販賣男女色自手
作食自磨自舂占相男女解夢吉凶是男是
女呪術工巧調鷹方法和百種毒藥千種毒
藥虵毒生像金銀蠱毒都无慈心犯輕垢罪
若佛子以悪心自身謗三寶詐現親附口便

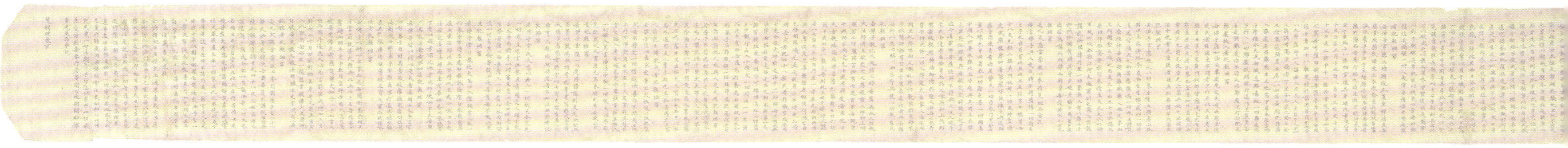

縛著於六齋日年三長齋日作煞生劫盜破
齋犯戒者犯輕垢罪
是十戒應當學敬心奉持制戒品中廣解
佛言佛子佛滅度後惡世中若見外道一切
惡人劫賊賣佛菩薩父母形像販賣經律販
賣比丘比丘尼亦賣發心菩薩道人或為官
使與一切人作奴婢者而菩薩見是事已應
慈心方便救護處處教化取物贖佛菩薩形
像及比丘比丘尼一切經律若不贖者犯輕
垢罪
若佛子不得畜刀杖弓箭販賣輕稱小斗因
官形勢取人財物害心繫縛破壞成功長養
猫狸猪狗若故養者犯輕垢罪

BD00502　梵網經盧舍那佛說菩薩心地戒品第十卷下

猫狸猪狗若故養者犯輕垢罪
若佛子以惡心故觀一切男女等鬪軍陣兵
鬪劫賊等鬪亦不得聽吹貝鼓角琴瑟箏笛
箜篌歌叫妓樂之聲不聽樗蒲圍碁波羅塞
戲彈碁六博擲石投壺八道行城爪鏡芝
草楊枝鉢盂髑髏而作卜筮不作盜賊使命
一一不得若故作者犯輕垢罪
若佛子護持禁戒行住坐卧日夜六時讀誦
是戒猶如金剛如帶持浮囊欲度大海如草
繫比丘常生大乘信自知我是未成之佛諸
佛是已成之佛發菩提心念念不去心若起
一念三乘外道心者犯輕垢罪
若佛子常應入一切願孝順父母師衆願得
好師同學善知識常教我大乘經律十發趣

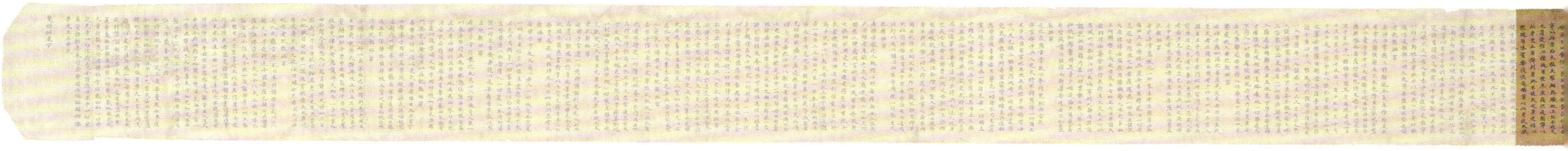

十長養十金剛十地使我開解如法修行
持佛戒寧捨身命念念不去心若一切菩薩
不發是願者犯輕垢罪
若佛子發十大願已持佛禁戒作是願言寧
以此身投熾燃猛火大坑刀山終不犯三世
諸佛經律與一切女人作不淨行復作是
願寧以熱鐵羅網千重周帀纏身終不破戒
之身受於信心檀越一切衣服復作是願寧
以此口吞熱鐵丸大流猛火經百千劫終不
破戒之口食信心檀越百味飲食復作是願
寧以此身卧大猛火羅網熱鐵地上終不破戒
之身受信心檀越百種床坐復作是願寧以
此身受三百鉾刺身終不破戒之身受信心
檀越百味醫藥復作是願寧以此身投熱鐵

BD00502　梵網經盧舍那佛說菩薩心地戒品第十卷下

檀越百味醫藥復作是願寧以此身投熱鐵
鑊千劫終不破戒身受信心檀越千種房舍
屋宅園林田地復作是願寧以鐵鎚打碎此
身從頭至足令如微塵終不以此破戒之身
受信心檀越恭敬禮拜復作是願寧以百千
熱鐵刀鉾挑其兩目終不破戒心視他好色
復作是願寧以百千鐵釘遍身挽刺耳根經
一劫二劫終不以破戒心聽好音聲復作是
願寧以百千刃刀割去其鼻終不破戒心貪
嗅諸香復作是願寧以千刃刀割斷其舌終
不以破戒之心食人百味淨食復作是願寧
以利斧斬破其身終不以破戒心貪著好觸
復作是願願一切人成佛菩薩若不發是願
者犯輕垢罪

若佛子常應二時頭陀冬夏坐禪結夏安
居常用揚枝澡豆三衣瓶鉢坐具錫杖香爐
漉水囊手巾刀子火燧鑷子繩床經律佛像菩
薩形像而菩薩行頭陀時及遊方時行來百
里千里此十八種物常隨其身頭陀者從正月
十五日至三月十五日八月十五日至十月
十五日是二時中十八種物常隨其身如鳥
之翼若布薩日新學菩薩半月半月布薩
誦十重四十八輕戒時於諸佛菩薩形像前
一人布薩即一人誦若二及三人至百千人亦一
人誦誦者高坐聽者下坐各各披九條七條
五條袈裟結夏安居一一如法若頭陀時莫
入難處若國難惡王土地高下草木深邃師
子虎狼水火風劫賊道路毒蛇一切難處悉

BD00502　梵網經盧舍那佛説菩薩心地戒品第十卷下

子虎狼水火風劫賊道路毒虵一切難處悉
不得入一切難處故頭陁行道乃至夏坐安
居是諸難處亦不得入此難處況行頭陁見
難處故入者犯輕垢罪
若佛子應如法次第坐先受戒者在前坐後
受戒者在後坐不問老少比丘比丘尼貴人
國王王子乃至黃門奴婢皆應先受戒者在
前坐後受戒者次第而坐莫如外道癡人若
老若少无前无後坐无次第兵奴之法我佛
法中先者先坐後者後坐而菩薩不次第坐
犯輕垢罪
若佛子常應教化一切衆生建立僧房山林
園田立作佛塔冬夏安居坐禪處所一切行
道處皆應立之而菩薩應為一切衆生講說

大乘經律若病疾國難賊難父母兄弟和
上阿闍梨亡滅之日及三七四五七日亦講大
乘經律而齋會求行來持生大火大水所漂
黑風所吹船舫江河大海羅剎之難亦讀誦
講說此經律乃至一切罪報三報八難七逆
杻械枷鎖繫縛其身多婬多瞋多愚癡多疾
病皆應講此經律而新學菩薩若不尒者犯
輕垢罪
是九戒應當學敬心奉持梵壇品當說
佛言佛子與人受戒時不得簡擇一切國王
王子大臣百官比丘比丘尼信男女婬男女
十八天无根二根黃門奴婢一切鬼神盡得
受戒應教身所著袈裟皆使壞色與道相
應皆染使青黃赤黑紫色一切染衣乃至卧具

BD00502　梵網經盧舍那佛説菩薩心地戒品第十卷下

應皆染使青黃赤黑紫色一切染衣乃至臥具
盡以壞色身所著衣一切染色若一切國土
中國人所著衣服比丘皆應與其國土衣服
色異與俗服有異若欲受戒時問言現身不
作七逆罪耶菩薩法師不得與七逆人現身
受戒七逆者出佛身血煞父母煞和上煞阿
闍梨破羯磨轉法輪僧煞聖人若具七遮即
身不得戒餘一切人得受戒出家人法不向
國王礼拜不向父母礼拜六親不敬鬼神不
礼但解師語有百里千里來求法者而菩薩
法師以惡心瞋心而不即與授一切衆生戒
犯輕垢罪
若佛子教化人起信心時菩薩與他人作教
戒法師者見欲受戒人應教請二師和上阿

問乘二師應問言汝有七遮罪不若現身
七遮師不與受无七遮者得受若有犯十
戒者教懺悔在佛菩薩形像前日日六時
誦十戒四十八輕戒苦到礼三世千佛得見好相
若一七日二三七日乃至一年要見好相相者
佛來摩頂見光華種種異相便得滅罪若
无好相雖懺无益是現身亦不得戒而得
增長戒若犯四十八輕戒者對懺罪滅不同
七遮而教戒師於是法中一一好解若不解大乘
經律若輕若重是非之相不解第一義
諦習種性長養性不可壞性道性正性其中
多少觀行出入十禪支一切行法一一不得
此法中意而菩薩為利養為名聞故惡求貪
利弟子而詐現解一切經律為供養故是自

BD00502　梵網經盧舍那佛説菩薩心地戒品第十卷下

利弟子而詐現解一切經律為供養故是自
欺詐欺詐他人故與人受戒者犯輕垢罪
若佛子不得為利養於未受菩薩戒者前外
道惡人前說此千佛戒大耶見人前亦不得
說除國王餘一切不得說是惡人輩不受佛
戒名為畜生生生不見三寶如木石无心名
為外道耶見人輩木頭无異而菩薩於是惡
人前說七佛教戒者犯輕垢罪
若佛子信心出家受佛正戒故起心毀犯聖
戒者不得受一切檀越供養亦不得國王地
上行不得飲國王水五千大鬼常遮其前鬼
言大賊入房舍城邑宅中鬼復常掃其腳迹
一切世人罵言佛法中賊一切衆生眼不欲
見犯戒之人畜生无異木頭无異若毀正戒

犯輕垢罪

若佛子常應一心受持讀誦剝皮為紙刺血
為墨以髓為水析骨為筆書寫佛戒木皮角
紙絹亦應悉書持常以七寶无價香華一切
雜寶為箱盛經律卷若不如法供養者犯
輕垢罪

若佛子常起大慈心若入一切城邑舍宅見
一切衆生唱言汝衆生盡應受三歸十戒
若見牛馬猪羊一切畜生應心念口汝是畜
生發菩薩心而菩薩入一切處山林川野皆
使一切衆生發菩提心是菩薩若不教化衆
生犯輕垢罪

若佛子常行教化大悲心入檀越貴人家一
切衆中不得立為白衣說法應白衣衆前高

BD00502　梵網經盧舍那佛說菩薩心地戒品第十卷下

切衆中不得立為白衣說法應白衣衆前高
座上坐法師比丘不得地立為四衆白衣說
法若說法時法師高坐香華供養四衆聽者
下坐如敬孝順父母孝順師教如事火婆羅
門其說法者若不如法犯輕垢罪
若佛子皆以信心受戒者若國王太子百官
四部弟子自恃高貴滅破佛法戒律明作制
法制我四部弟子不聽出家行道亦復不聽
造立形像佛塔經律破三寶之罪而故作破
法者犯輕垢罪
若佛子以好心出家而為名聞利養於國王
百官前說佛戒撗與比丘比丘尼菩薩弟子
繫縛如師子身中虫自食師子非外道天魔
破若受佛戒者應護佛戒如念一子如事父

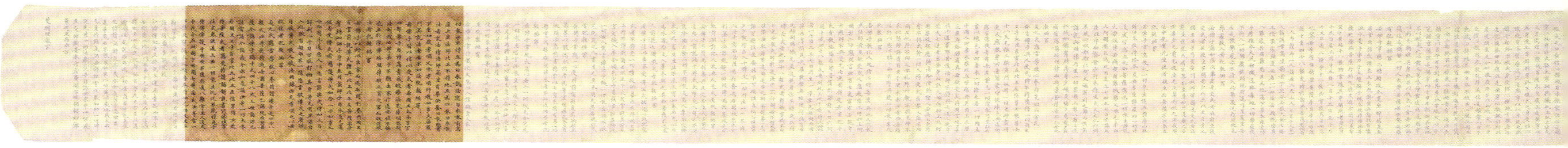

毋而聞外道惡人以惡言謗佛戒時如三百
鉾刺心千刀万杖打柏其身等无有異寧自
入地獄百劫而不一聞惡言破佛戒之聲況
自破佛戒教人破法因緣亦无孝順之心若
故作者犯輕垢罪
是九戒應當學敬心奉持諸佛子是四十八
輕戒汝等受持過去諸菩薩已誦現在諸菩
薩今誦佛子聽十戒四十八戒三世諸佛已
誦當誦今誦我今亦如是誦汝等一切大衆
若國王王子百官比丘比丘尼信男信女受
持菩薩戒者應受持讀誦解說書寫佛性常
住戒卷流通三世一切衆生化化不絶得見千
佛佛佛授手世世不墮惡道八難常生人道天
中我今在此樹下略開七佛法戒汝等當一
心學波羅提木叉歡喜奉行如无相天王品

中我今在此樹下略開七佛法式汝等當一
心學波羅提木叉歡喜奉行如无相天王品
勸學中二乙明三千學時坐聽者聞佛自
誦心頂戴喜踊受持
尒時釋迦牟尼佛說上蓮華臺藏世界盧
舍那佛心地法門品中十无盡戒法品竟千百億
釋迦亦如是說從摩醯首羅天王宮至此道
樹十住處說法品為一切菩薩不可說大衆
受持讀誦解說其義亦如是百千億世界
蓮華藏世界微塵世界一切佛心藏地藏戒藏
无量行願藏因果佛性常住藏如如一切佛
說无量一切法藏竟千百億世界中一切衆
生受持歡喜奉行若廣開心地相相如佛
華光王品中說

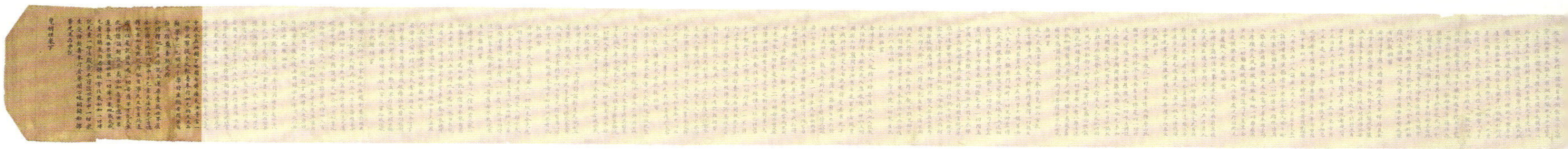

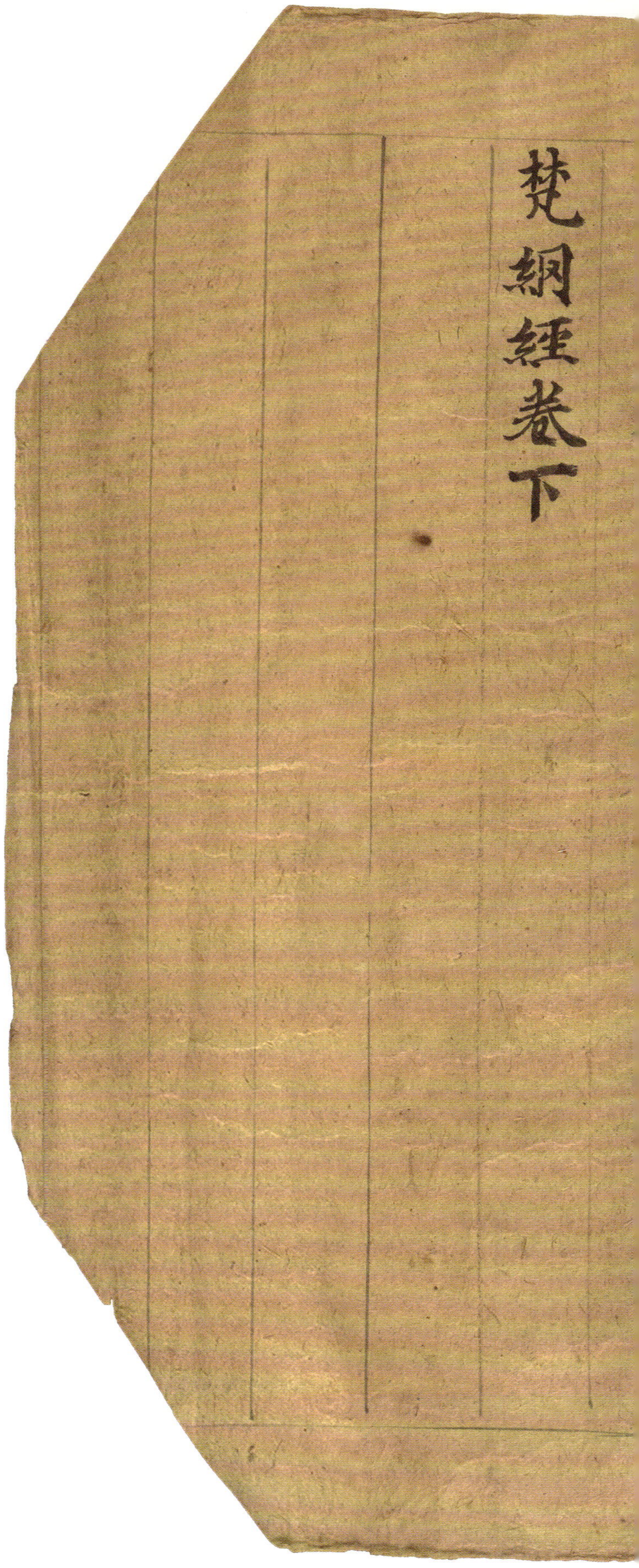

BD00502　梵網經盧舍那佛説菩薩心地戒品第十卷下

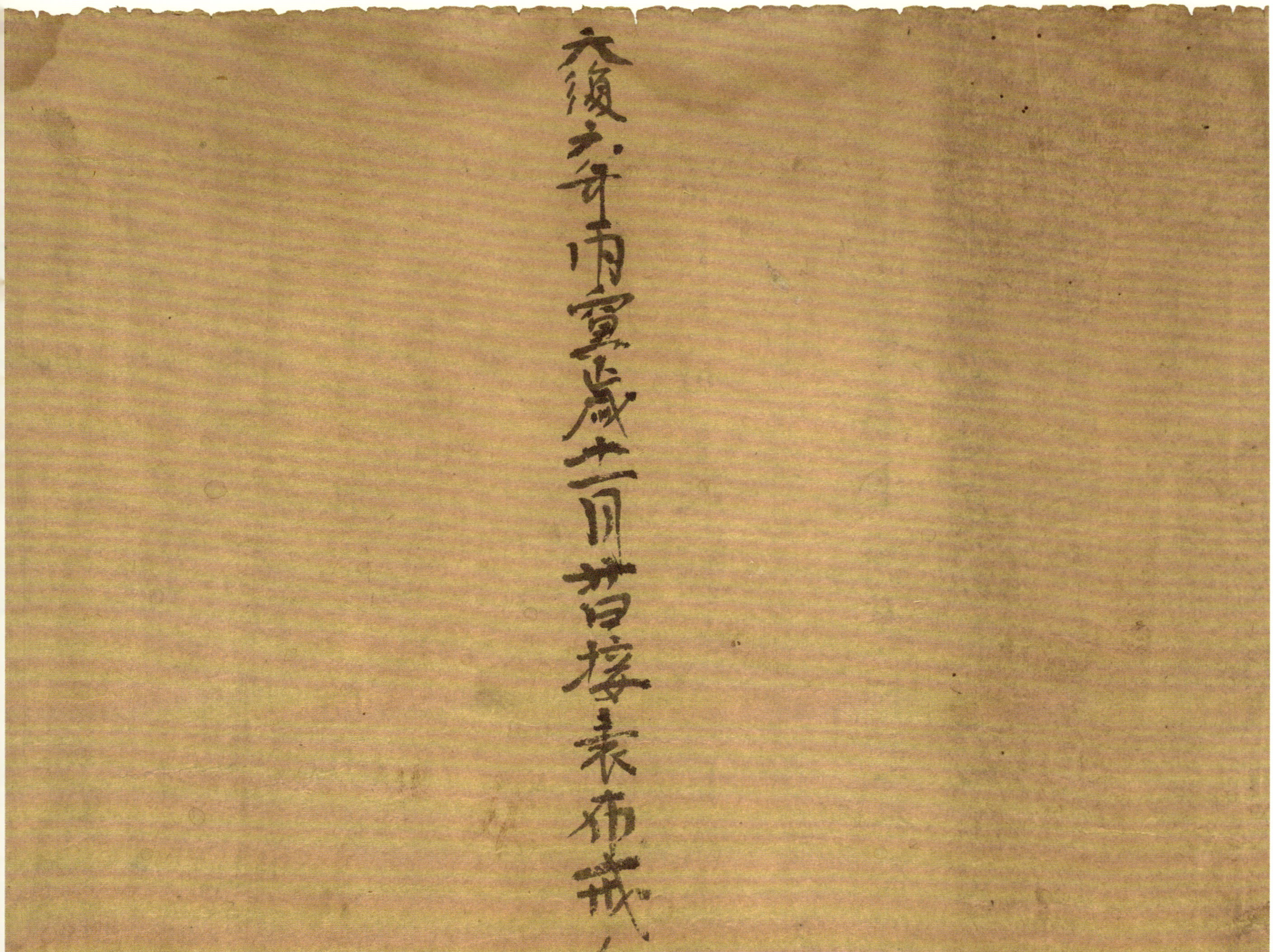

天復六年丙寅歲十一月廿日接袁布戒全還惠永記

BD00502v-1　天復六年丙寅歲十一月廿日接袁布戒全還惠永記（擬）

戒記
日就靈圖寺施經布
丙寅年十一月

BD00502v-2　丙寅年十一月日就靈圖寺施經布戒記（擬）

BD00503 妙法蓮華經卷七

（後秦）鳩摩羅什 譯

791.1cm×26cm

過於此身真金色无……德莊……
熾盛光明照耀諸相具……那羅延
身入七寶臺上昇虛空去地七多羅樹諸菩
薩衆恭敬圍遶而來詣此娑婆世界耆闍崛
山到已下七寶臺以價直百千瓔珞持至釋
迦牟尼佛所頭面礼足奉上瓔珞而白佛言
世尊淨華宿王智佛問訊世尊少病少惱起
居輕利安樂行不四大調和不世事可忍不
衆生易度不无多貪欲瞋恚愚癡嫉妬慳
慢不无不孝父母不敬沙門邪見不善心不攝
五情不世尊衆生能降伏諸魔怨不久滅度
多寶如來在七寶塔中來聽法不又問訊多
寶如來安隱少惱堪忍久住不世尊我今欲
見多寶佛身唯願世尊示我令見尒時釋加

牟尼佛語多寶佛是妙音菩薩欲得相見
多寶佛告妙音言善哉善哉汝能為供養釋
迦牟尼佛及聽法華經并見文殊師利等故
来至此尒時華德菩薩白佛言世尊是妙音
菩薩種何善根脩何功德有是神力佛告華
德菩薩過去有佛名雲雷音王多陁阿伽度
阿羅呵三藐三佛陁國名現一切世間劫名憙
見妙音菩薩於万二千歲以十万種伎樂供
養雲雷音王佛并奉上八万四千七寶鉢
以是因緣果報今生淨華宿王智佛所有是
神力華德於汝意云何尒時雲雷音王佛所
妙音菩薩伎[illegible]養奉上寶器者豈異人乎
今此妙音菩薩摩訶薩是華德是妙音菩薩
已曾供養親近无量諸佛久殖德本又值恒
河沙等百千万億那由他佛華德汝但見妙

河沙等百千万億那由他佛華德汝但見妙
音菩薩其身在此而是菩薩現種種身處處
為諸衆生説是經典現梵王身或現帝釋
身或現自在天身或現大自在天身或現天大將
軍身或現毗沙門天王身或現轉輪聖王身或
現諸小王身或現長者身或現居士身或現
宰官身或現婆羅門身或現比丘比丘尼優
婆塞優婆夷身或現長者居士婦女身或現
宰官婦女身或現婆羅門婦女身或現童男
童女身或現天龍夜叉乾闥婆阿脩羅迦樓
羅緊那羅摩睺羅伽人非人等身而説是經
諸有地獄餓鬼畜生及衆難處皆能救濟乃
至於王後宮變為女身而説是經華德是妙
音菩薩能救護娑婆世界諸衆生者是妙音
菩薩如是種種變化現身在此娑婆國土為

諸衆生說是經典於神通變化智慧无所損
減是菩薩以若干智慧明照娑婆世界令一
切衆生各得所知於十方恒河沙世界中亦
復如是若應以聲聞形得度者現聲聞形而
爲說法應以辟支佛形得度者現辟支佛形
而爲說法應以菩薩形得度者現菩薩形而
爲說法應以佛形得度者即現佛形而爲說
法如是種種隨所應度者而爲現形乃至應
以滅度而得度者示現滅度華德妙音菩薩
摩訶薩成就大神通智慧之力其事如是
尒時華德菩薩白佛言世尊是妙音菩薩深
種善根世尊是菩薩住何三昧而能如是在
所變現度脫衆生佛告華德菩薩善男子其
三昧名現一切色身妙音菩薩住是三昧中
能如是饒益无量衆生說是妙音菩薩品時

能如是饒益无量衆生說是妙音菩薩品時
與妙音菩薩俱来者八万四千人皆得現一
切色身三昧此娑婆世界无量菩薩亦得是
三昧及陁羅尼尒時妙音菩薩摩訶薩供養
釋迦牟尼佛及多寶佛塔已還歸本土所經
諸國六種震動雨寶蓮華作百千万億種種
伎樂既到本國與八万四千菩薩圍遶至淨
華宿王智佛所白佛言世尊我到娑婆世界
饒益衆生見釋迦牟尼佛及見多寶佛塔礼
拜供養又見文殊師利法王子菩薩及見藥
王菩薩得勤精進力菩薩勇施菩薩等亦令
是八万四千菩薩得現一切色身三昧說是
妙音菩薩来往品時四万二千天子得无生
法忍華德菩薩得法華三昧

妙法蓮華經觀世音菩薩普門品第二十五

尒時无盡意菩薩即從座起偏袒右肩合掌
向佛而作是言世尊觀世音菩薩以何因緣
名觀世音佛告无盡意菩薩善男子若有
无量百千万億衆生受諸苦惱聞是觀世音
菩薩一心稱名觀世音菩薩即時觀其音聲
皆得解脫若有持是觀世音菩薩名者設
入大火火不能燒由是菩薩威神力故若為
大水所漂稱其名号即得淺處若有百千万
億衆生為求金銀瑠璃車𤦲馬瑙珊瑚虎珀
真珠等寶入於大海假使黑風吹其船舫漂
墮羅剎鬼國其中若有乃至一人稱觀世音
菩薩名者是諸人等皆得解脫羅剎之難以
是因緣名觀世音若復有人臨當被害稱觀
世音菩薩名者彼所執刀杖尋段段壞而得
解脫若三千大千國土滿中夜叉羅剎欲來惱

BD00503　妙法蓮華經卷七

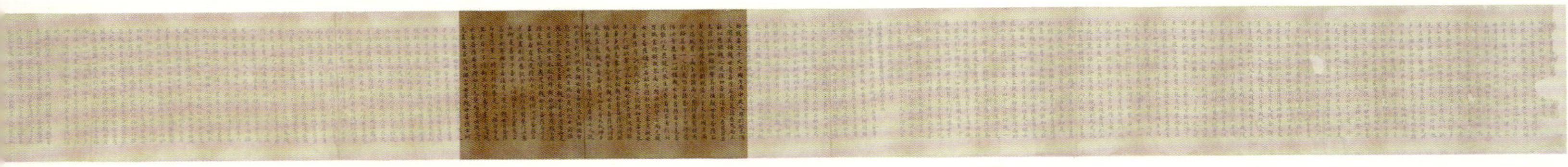

解脫若三千大千國土滿中夜叉羅刹欲來惱
人聞其稱觀世音菩薩名者是諸惡鬼尚不
能以惡眼視之況復加害設復有人若有罪若
无罪杻械枷鎖檢繫其身稱觀世音菩薩名
者皆悉斷壞即得解脫若三千大千國土滿
中怨賊有一商主將諸商人齎持重寶經過
嶮路其中一人作是唱言諸善男子勿得恐
怖汝等應當一心稱觀世音菩薩名号是菩
薩能以无畏施於衆生汝等若稱名者於此
怨賊當得解脫衆商人聞俱發聲言南无觀
世音菩薩稱其名故即得解脫无盡意觀世
音菩薩摩訶薩威神之力魏魏如是若有衆
生多於婬欲常念恭敬觀世音菩薩便得離
欲若多瞋恚常念恭敬觀世音菩薩便得離
恚若多愚癡常念恭敬觀世音菩薩便得離

處无盡意觀世音菩薩有如是等大威神力
多所饒益是故衆生常應心念若有女人設
欲求男礼拜供養觀世音菩薩便生福德智
慧之男設欲求女便生端正有相之女宿殖
德本衆人愛敬无盡意觀世音菩薩有如是
力若有衆生恭敬礼拜觀世音菩薩福不唐
捐是故衆生皆應受持觀世音菩薩名号无
盡意若有人受持六十二億恒河沙菩薩名
字復盡形供養飲食衣服卧具醫藥於汝意
云何是善男子善女人功德多不无盡意言
甚多世尊佛言若復有人受持觀世音菩薩
名号乃至一時礼拜供養是二人福正等无
異於百千万億劫不可窮盡无盡意受持觀
世音菩薩名号得如是无量无邊福德之利
无盡意菩薩白佛言世尊觀世音菩薩云何

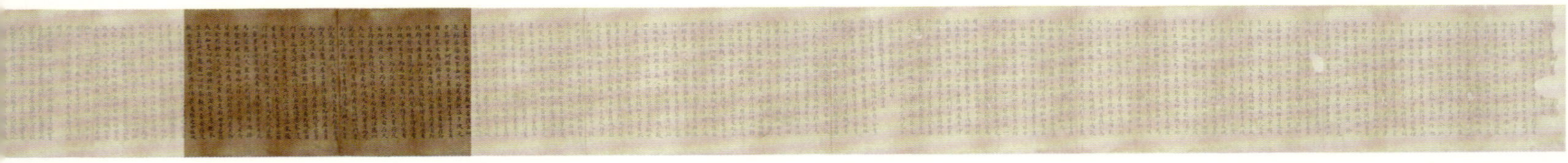

无盡意菩薩白佛言世尊觀世音菩薩云何
遊此娑婆世界云何而爲衆説法方便之
力其事云何佛告无盡意菩薩善男子若有
國土衆生應以佛身得度者觀世音菩薩即
現佛身而爲説法應以辟支佛身得度者即
現辟支佛身而爲説法應以聲聞身得度者
即現聲聞身而爲説法應以梵王身得度者
即現梵王身而爲説法應以帝釋身得度者
即現帝釋身而爲説法應以自在天身得度
者即現自在天身而爲説法應以大自在天
身得度者即現大自在天身而爲説法應以
天大將軍身得度者即現天大將軍身而爲
説法應以毗沙門身得度者即現毗沙門身
而爲説法應以小王身得度者即現小王身
而爲説法應以長者身得度者即現長者身

而為說法應以居士身得度者即現居士身
而為說法應以宰官身得度者即現宰官身
而為說法應以婆羅門身得度者即現婆羅
門身而為說法應以比丘比丘尼優婆塞優
婆夷身得度者即現比丘比丘尼優婆塞優
婆夷身而為說法應以長者居士宰官婆羅
門婦女身得度者即現婦女身而為說法應
以童男童女身得度者即現童男童女身而
為說法應以天龍夜叉乾闥婆阿羅迦摟
羅緊那羅摩睺羅伽人非人等身得度者即
皆現之而為說法應以執金剛神得度者即
現金剛神而為說法无盡意是觀世音菩薩
成就如是功德以種種形遊諸國土度脫衆
生是故汝等應當一心供養觀世音菩薩是
觀世音菩薩摩訶薩於怖畏急難之中能施

生是故汝等應當一心供養
觀世音菩薩摩訶薩於怖畏急難之中能施
无畏是故此娑婆世界皆号之為施无畏者
无盡意菩薩白佛言世尊我今當供養觀世
音菩薩即解頸衆寶珠瓔珞價直百千兩金
而以與之作是言仁者受此法施珎寶瓔珞
時觀世音菩薩不肯受之无盡意復白觀世
音菩薩言仁者愍我等故受此瓔珞尒時佛
告觀世音菩薩當愍此无盡意菩薩及四衆
天龍夜叉乾闥婆阿脩羅迦樓羅緊那羅摩
睺羅伽人非人等故受是瓔珞即時觀世音
菩薩愍諸四衆及於天龍人非人等受其瓔
珞分作二分一分奉釋迦牟尼佛一分奉多
寶佛塔无盡意觀世音菩薩有如是自在
神力遊於娑婆世界尒時无盡意菩薩以偈
問

世尊妙相具　我今重問彼　佛子何因緣　名為觀世音
具足妙相尊　偈答无盡意　汝聽觀音行　善應諸方所
弘誓深如海　歷劫不思議　侍多千億佛　發大清淨願
我為汝略說　聞名及見身　心念不空過　能滅諸有苦
假使興害意　推落大火坑　念彼觀音力　火坑變成池
或漂流巨海　龍魚諸鬼難　念彼觀音力　波浪不能沒
或在須弥峯　為人所推墮　念彼觀音力　如日虛空住
或被惡人逐　墮落金剛山　念彼觀音力　不能損一毛
或值怨賊遶　各執刀加害　念彼觀音力　咸即起慈心
或遭王難苦　臨刑欲壽終　念彼觀音力　刀尋段段壞
或囚禁枷鎖　手足被杻械　念彼觀音力　釋然得解脫
呪咀諸毒藥　所欲害身者　念彼觀音力　還著於本人
或遇惡羅刹　毒龍諸鬼等　念彼觀音力　時悉不敢害
若惡獸圍遶　利牙爪可怖　念彼觀音力　疾走无邊方
蚖蛇及蝮蠍　氣毒烟火燃　念彼觀音力　尋聲自迴去

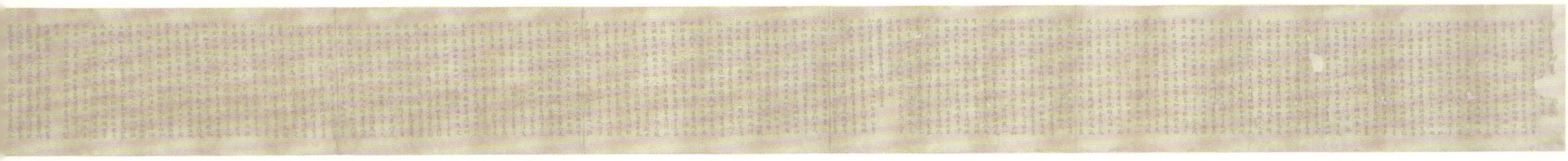

蚖蛇及蝮蠍　氣毒烟火燃　念彼觀音力　尋聲自迴去
雲雷鼓掣電　降雹澍大雨　念彼觀音力　應時得消散
衆生被困厄　无量苦逼身　觀音妙智力　能救世間苦
具足神通力　廣脩智方便　十方諸國土　无刹不現身
種種諸惡趣　地獄鬼畜生　生老病死苦　以漸悉令滅
真觀清淨觀　廣大智慧觀　悲觀及慈觀　常願常瞻仰
无垢清淨光　慧日破諸闇　能伏灾風火　普明照世間
悲體戒雷震　慈意妙大雲　澍甘露法雨　滅除煩惱炎
諍訟經官處　怖畏軍陣中　念彼觀音力　衆怨悉退散
妙音觀世音　梵音海潮音　勝彼世間音　是故須常念
念念勿生疑　觀世音淨聖　於苦惱死厄　能爲作依怙
具一切功德　慈眼視衆生　福聚海无量　是故應頂礼
尒時持地菩薩即從坐起前白佛言世尊若
有衆生聞是觀世音菩薩品自在之業普門
示現神通力者當知是人功德不少佛說是普

陀品時衆中八万四千衆生皆發无等等阿
耨多羅三藐三菩提心
妙法蓮華經陁羅尼品第廿六
尒時藥王菩薩即從坐起偏袒右肩合掌向
佛而白佛言世尊若善男子善女人有能受
持法華經者若讀誦通利若有書寫經卷得
幾所福佛告藥王若有善男子善女人供養
八百万億那由他恒河沙等諸佛於汝意云何
其所得福寧為多不甚多世尊佛言若善男
子善女人能於是經乃至受持一四句偈讀
誦解義如說脩行功德甚多尒時藥王菩薩
白佛言世尊我今當與說法者陁羅尼呪以
守護之即說呪曰
安尒 一 曼尒 二 摩祢 三 摩摩祢 四 旨隸 五 遮梨弟
六 賒咩 羊鳴音 七 賒履 用雉反 多瑋 八 羶 輸千反 帝 九 目帝 十

六 賒咩(羊鳴音)七 賒履(用雉反) 多瑋八 羶(輸千反)帝九 目帝
目多履十一 娑履十二 阿瑋娑履十三 桑履十四 娑
履十五 叉裔十六 阿叉裔十七 阿耆膩十八 羶帝十九 賒履
二十 陀羅尼廿一 阿盧伽婆娑(蘇奈反) 簸蔗毘叉膩廿二 禰毘剃
廿三 阿便哆(都餓反) 邏禰履剃廿四 阿亶哆波隸輸地廿五 漚
究隸廿六 牟究隸廿七 阿羅隸廿八 波羅隸廿九 首迦差
(初几反)卅 阿三磨三履卅一 佛馱毘吉利袠帝卅二 達磨波利差
(猜離反)帝卅三 僧伽涅瞿沙禰卅四 婆舍婆舍輸地卅五 曼哆
邏卅六 曼哆邏叉夜多卅七 郵樓哆卅八 郵樓哆憍舍略(盧遮反)卅九 惡叉
羅卌 惡叉冶多冶卌一 阿婆盧卌二 阿摩若(荏蔗反) 那多
夜卌三
世尊是陀羅尼神咒六十二恒河沙等諸佛
所說若有侵毀此法師者則為侵毀是諸佛
已時釋迦牟尼佛讚藥王菩薩言善哉善哉
藥王汝愍念擁護此法師故說是陀羅尼於

諸衆生多所饒益

尒時勇施菩薩白佛言世尊我亦為擁護讀
誦受持法華經者說陁羅尼若此法師得是
陁羅尼若夜叉若羅刹若冨單那若吉遮若
鳩槃茶若餓鬼等伺求其短无能得便即於
佛前而說呪曰

座指蚩反隸一 摩訶座隸二 郁枳三 目枳四 阿隸五
阿羅婆第六 涅隸第七 涅隸多婆第八 伊緻猪履反
柅九 韋緻柅十 旨緻柅十一 涅隸墀柅十二 涅隸墀婆
底十三

世尊是陁羅尼神呪恒河沙等諸佛所說亦
皆隨喜若有侵毀此法師者則為侵是諸
佛已

尒時毗沙門天王護世者白佛言世尊我亦
為愍念衆生擁護此法師故說是陁羅尼即

為慜念衆生擁護此法師故說是陁羅尼即
說呪曰
阿梨一那梨二㝹那梨三阿那盧四那履五拘
那履六
世尊以是神呪擁護法師我亦自當擁護持
是經者令百由旬内无諸衰患
尒時持國天王在此會中與千万億那由他
乹闥婆衆恭敬圍遶前詣佛所合掌白佛言
世尊我亦以陁羅尼神呪擁護持法華經者
即說呪曰
阿伽祢一伽祢二瞿利三乹陁利四旃陁利五摩蹬耆
六常求利七浮樓莎柅八頞底九
世尊是陁羅尼神呪四十二億諸佛所說若
有侵毀此法師者則為侵毀是諸佛已
尒時有羅刹女等一名藍婆二名毗藍婆三

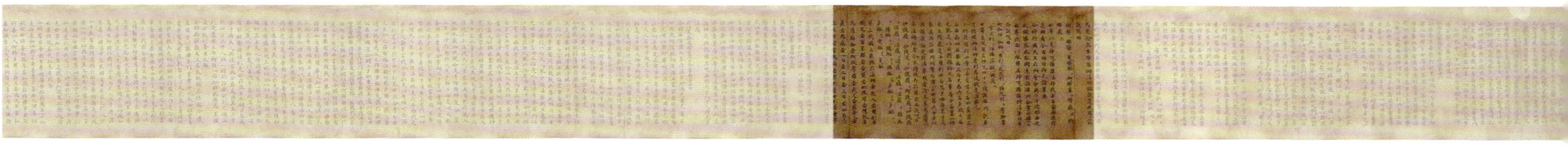

名曲齒四名華齒五名黑齒六名多髮七名
无猒足八名持瓔珞九名睪帝十名奪一切
衆生精氣是十羅剎女与鬼子母并其子及
眷屬俱詣佛所同聲白佛言世尊我等亦欲
擁護讀誦受持法華經者除其衰患若有伺
求法師短者令不得便即於佛前而說呪曰
伊提履一伊提泯二伊提履三阿提履四伊提履
五泥履六泥履七泥履八泥履九泥履十樓醘
十一樓醘十二樓醘十三樓醘十四多醘十五多醘十六
多醘十七兜醘十八㝹醘
寧上我頭上莫惱於法師若夜叉若羅剎若
餓鬼若冨單那若吉蔗若毗陁羅若揵馱若
烏摩勒伽若阿跋摩羅若夜叉吉蔗若人吉
蔗若熱病若一日若二日若三日若四日乃

處若熱病若一日若二日若三日若四日乃
至七日若常熱病若男形若女形若童男
形若童女形乃至夢中亦復莫惱即於佛前
而說偈言
若不順我呪　惱亂說法者　頭破作七分　如阿梨樹枝
如殺父母罪　亦如押油殃　斗秤欺誑人　調達破僧罪
犯此法師者　當獲如是殃
諸羅剎女說此偈已白佛言世尊我等亦當
身自擁護受持讀誦脩行是經者令得安隱
離諸衰患消衆毒藥佛告諸羅剎女善哉善
哉汝等但能擁護受持法華經名者福不可
量何況擁護具足受持供養經卷華香瓔珞
末香塗香燒香幡蓋伎樂然種種燈蘇燈油
燈諸香油燈蘇摩那華油燈瞻蔔華油燈婆
師迦華油燈優鉢羅華油燈如是等百千種

供養者畢帝汝等及眷屬應當擁護如是
法師説此陁羅尼呪品時六万八千人得无生
法忍

妙法蓮華経妙荘嚴王本事品第廿七

尒時佛告諸大衆乃往古世過无量无邊不
可思議阿僧祇劫有佛名雲雷音宿王華智
多陁阿伽度阿羅呵三藐三佛陁國名光明
荘嚴劫名憙見彼佛法中有王名妙荘嚴其
王夫人名曰淨德有二子一名淨藏二名淨
眼是二子有大神力福德智慧久脩菩薩所
行之道所謂檀波羅蜜尸波羅蜜羼提波羅
蜜毗梨耶波羅蜜禪波羅蜜般若波羅蜜方
便波羅蜜慈悲喜捨乃至卅七助道法皆悉
明了通達又得菩薩淨三昧日星宿三昧淨
光三昧淨色三昧淨照明三昧長荘嚴三昧

光三昧淨色三昧淨照明三昧長莊嚴三昧
大威德藏三昧於此三昧亦悉通達
尒時彼佛欲引導妙莊嚴王及愍念衆生故
說是法華經時淨藏淨眼二子到其母所合
十指爪掌白言願母往詣雲雷音宿王華智
佛所我等亦當侍從親覲供養礼拜所以者
何此佛於一切天人衆中說法華經宜應聽
受母告子言汝父信受外道深著婆羅門法
汝等應往白父與共俱去淨藏淨眼合十指
爪掌白母我等是法王子而生此邪見家母
告子言汝等當憂念汝父爲現神變若得見
者心必清淨或聽我等往至佛所於是二子
念其父故踊在虛空高七多羅樹現種種神
變於虛空中行住坐卧身上出水身下出火
身下出水身上出火或現大身滿虛空中而

復現小小復現大於虛空中滅忽然在地入
地如水履如地現如是等種種神變令其
父王心淨信解時父見子神力如是心大歡
喜得未曾有合掌向二子言汝等師為是誰
誰之弟子二子白言大王彼雲雷宿王華
智佛今在七寶菩提樹下法坐上坐於一切
世間天人眾中廣說法華經是我等師我是
弟子父語子言我今亦欲見汝等師可共俱
往於是二子從空中下到其母所合掌白母
父王今已信解堪任發阿耨多羅三藐三菩
提心我等為父已作佛事願母見聽於彼佛
所出家脩道尒時二子欲重宣其意以偈白母
願母放我等　出家作沙門　諸佛甚難值　我等隨佛學
如優曇鉢羅　值佛復難是　脫諸難亦難　願聽我出家
母即告言聽汝出家所以者何佛難值故於

母即告言聽汝出家所以者何佛難值故於
是二子白父母言善哉父母願時往詣雲雷
音宿王華智佛所親覲供養所以者何佛難
得值如憂曇鉢羅華又如一眼之龜值浮木
孔而我等宿福深厚生值佛法是故父母當
聽我等令得出家所以者何諸佛難值時亦
難遇彼時妙莊嚴王後宮八万四千人悉皆
堪任受持是法華經淨眼菩薩於法華三昧
久已通達淨藏菩薩已於无量百千万億劫
通達離諸惡趣三昧欲令一切衆生離諸惡
趣故其王夫人得諸佛集三昧能知諸佛秘
密之藏二子如是以方便力善化其父令心
信解好樂佛法於是妙莊嚴王與群臣眷屬
俱淨德夫人與後宮綵女眷屬俱其王二子
與四万二千人俱一時共詣佛所到已頭面

礼足遶佛三帀却住一面尒時彼佛為王說
法示教利喜王大歡
尒時妙莊嚴王及其夫人解頸真珠瓔珞價
直百千以散佛上於虛空中化成四柱寶臺
臺中有大寶床敷百千万天衣其上有佛結
加趺坐放大光明尒時妙莊嚴王作是念佛
身希有端嚴殊特成就第一微妙之色時雲
雷音宿王華智佛告四衆言汝等見是妙莊
嚴王於我前合掌立不此王於我法中作比
丘精勤脩習助佛道法當得作佛号娑羅樹
王國名大光劫名大高王其娑羅樹王佛有
无量菩薩衆及无量聲聞其國平正功德如
是其王即時以國付弟王与夫人二子并諸
眷屬於佛法中出家脩道王出家已於八万
四千歲常勤精進脩行妙法華經過是已後

四千歲常勤精進脩行妙法華經過是已後
得一切淨功德莊嚴三昧即昇虛空高七多
羅樹而白佛言世尊此我二子已作佛事以
神通變化轉我邪心令得安住於佛法中得
見世尊此二子者是我善知識為欲發起宿
世善根饒益我故來生我家
尒時雲雷音宿王華智佛告妙莊嚴王言如
是如是如汝所言若善男子善女人種善根
故世世得善知識其善知識能作佛事示教
利喜令入阿耨多羅三藐三菩提大王當知
善知識者是大因緣所謂化導令得見佛發
阿耨多羅三藐三菩提心大王汝見此二子
不此二子已曾供養六十五百千万億那由
他恒河沙諸佛親覲恭敬於諸佛所受持法
華經愍念邪見衆生令住正見妙莊嚴王即

從虛空中下而白佛言世尊如來甚希有以
功德智慧故頂上宍髻光明顯照其眼長廣
而紺青色眉間毫相白如珂月齒白齊密常
有光明脣色赤好如頻婆菓尒時妙莊嚴王
讚歎佛如是等无量百千万億功德已於如
來前一心合掌復白佛言世尊未曾有也如
來之法具足成就不可思議微妙功德教戒
所行安隱快善我從今日不復自隨心行不
生耶見憍慢瞋恚諸惡之心說是語已礼佛
而出佛告大衆於意云何妙莊嚴王豈異人
乎今華德菩薩是其淨德夫人今佛前光照
莊嚴相菩薩是哀愍妙莊嚴王及諸眷屬故
於彼中生其二子者今藥王菩薩藥上菩薩
是藥王藥上菩薩成就如此諸大功德已
於无量百千万億諸佛所殖衆德本成就不

於无量百千万億諸佛所殖衆德本成就不
可思議諸善功德若有人識是二菩薩名字
者一切世間諸天人民亦應礼拜佛說是妙
莊嚴王本事品時八万四千人遠塵離垢於
諸法中得法眼淨

妙法蓮華經普賢菩薩勸發品第廿八

尒時普賢菩薩以自在神通力威德名聞與
大菩薩无量无邊不可稱數從東方來所經
過國普皆震動雨寶蓮華作无量百千万億
種種伎樂又與无數諸天龍夜叉乹闥婆阿
脩羅迦樓羅緊那羅摩睺羅伽人非人等大
衆圍繞各現威德神通之力到娑婆世界耆
闍崛山中頭面礼釋迦牟尼佛右繞七匝白
佛言世尊我於寶威德上王佛國遥聞此娑
婆世界說法華經與无量无邊百千万億諸

菩薩衆共來聽受唯願世尊當爲說之若善
男子善女人於如來滅後云何能得是法華
經佛告普賢菩薩若有善男子善女人成就
四法於如來滅後當得是法華經一者爲諸
佛護念二者殖諸德本三者入正定聚四者
發救一切衆生之心善男子善女人如是成
就四法於如來滅後必得是經
尒時普賢菩薩白佛言世尊於後五百歲濁
惡世中其有受持是經典者我當守護除其
衰患令得安隱使无伺求得其便者若魔若
魔子若魔女若魔民若爲魔所著者若夜叉
若羅剎若鳩槃茶若毗舍闍若吉蔗若富單
那若韋陀羅等諸惱人者皆不得便是人若
行若立讀誦此經我尒時乘六牙白象王與
大菩薩衆俱詣其所而自現身供養守護安

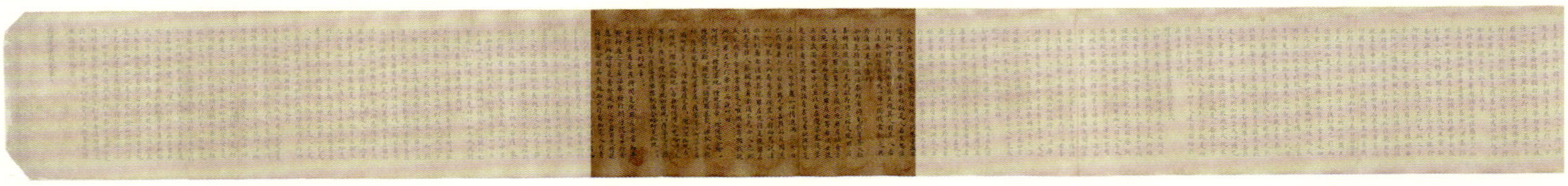

大菩薩衆俱詣其所而自現身供養守護安
慰其心亦爲供養法華經故是人若坐思惟
此經尒時我復乘白象王現其人前其人若
於法華經有所忘失一句一偈我當教之與
共讀誦還令通利
尒時受持讀誦法華經者得見我身甚大歡
喜轉復精進以見我故即得三昧及陁羅尼
名爲旋陁羅尼百千万億旋陁羅尼法音方
便陁羅尼得如是等陁羅尼世尊若後世後
五百歲濁惡世中比丘比丘尼優婆塞優婆
夷求索者受持者讀誦者書寫者欲脩習是
法華經於三七日中應一心精進滿三七日
已我當乘六牙白象與无量菩薩而自圍遶
以一切衆生所憙見身現其人前而爲說法
示教利憙亦復與其陁羅尼呪得是陁羅尼

故无有非人能破壞者亦復不爲女人之所
或亂我身亦自常護是人唯願世尊聽我說
此陀羅尼即於佛前而說呪曰
阿檀地(途賣反)一 檀陀婆地二 檀陀婆帝三 檀陀鳩舍隷四
檀陀脩陀隷五 脩陀隷六 脩陀羅婆底七 佛馱波羶
禰八 薩婆陀羅尼阿婆多尼九 薩婆婆沙阿婆多尼
十 脩阿婆多尼十一 僧伽婆履叉尼十二 僧伽涅伽陀尼十三
阿僧祇十四 僧伽波伽地十五 帝隷阿惰僧伽兜略(盧遮反)波
羅帝十六 薩婆僧伽三摩地伽蘭地十七 薩婆達磨脩
波利剎帝十八 薩婆薩埵樓馱憍舍略阿㝹伽地十九
辛阿毗吉利地帝二十
世尊若有菩薩得聞是陀羅尼者當知普
賢神通之力若法華經行閻浮提有受持者
應作此念皆是普賢威神之力若有受持讀
誦正憶念解其義趣如說行當知是人行普

誦正憶念解其義趣如說行當知是人行普
賢行於无量无邊諸佛所深種善根為諸如
來手摩其頭若但書寫是人命終當生忉利
天上是時八万四千天女作衆伎樂而來迎
之其人即著七寶冠於采女中娛樂快樂何
況受持讀誦正憶念解其義趣如說脩行若
有人受持讀誦解其義趣是人命終為千佛
授手令不恐怖不墮惡趣即往兜率天上弥勒
菩薩所弥勒菩薩有三十二相大菩薩衆
所共圍繞有百千万億天女眷屬而於中生
有如是等功德利益是故智者應當一心自
書若使人書受持讀誦正憶念如說脩行世
尊我今以神通力守護是經於如來滅後閻
浮提內廣令流布使不斷絕
尒時釋迦牟尼佛讚言善哉善哉普賢汝能

護助是經令多所衆生安樂利益汝已成就不
可思議功德深大慈悲從久遠來發阿耨
多羅三藐三菩提意而能作神通之願守護
是經我當以神通力守護能受持普賢菩薩
名者普賢若有受持讀誦正憶念脩習書寫
是法華經者當知是人則見釋迦牟尼佛如
從佛口聞此經典當知是人供養釋迦牟尼
佛當知是人佛讚善哉當知是人為釋迦牟
尼佛手摩其頭當知是人為釋迦牟尼佛衣
之所覆如是之人不復貪著世樂不好外道
經書手筆亦復不憙親近其人及諸惡者若
屠兒若畜猪羊雞狗若獵師若衒賣女色是
人心意質直有正憶念有福德力是人不為
三毒所惱亦復不為嫉妬我慢邪慢增上慢所
惱是人少欲知足能脩普賢之行

惱是人少欲知足能脩普賢之行
普賢若如來滅後後五百歲若有人見受持讀
誦法華經者應作是念此人不久當詣道場
破諸魔衆得阿耨多羅三藐三菩提轉法輪
擊法鼓吹法蠡雨法雨當坐天人大衆中師
子法坐上普賢若於後世受持讀誦是經
典者是人不復貪著衣服卧具飲食資生之
物所願不虛亦於現世得其福報若有人輕
毀之言汝狂人耳空作是行終无所獲如是
罪報當世世无眼若有供養讚歎之者當於
今世得現果報若復見受持是經者出其過
惡若實若不實此人現世得白癩病若有輕
咲之者當世世牙齒踈缺醜脣平鼻手脚繚
戾眼目角睞身體臭穢惡瘡膿血水腹短氣
諸惡重病是故普賢若見受持是經者當起

遠迎當如敬佛說是普賢勸發品時恒河沙
等无量无邊菩薩得百千億旋陁羅尼三千
大千世界微塵等諸菩薩具普賢道佛說是
經時普賢等諸菩薩舍利弗等諸聲聞及
諸天龍人非人等一切大會皆大歡喜受持
佛語作礼而去

妙法蓮華經卷第七

BD00504 妙法蓮華經（八卷本）卷六

（後秦）鳩摩羅什 譯

199.1cm × 25.6cm

上饌妙衣□　□□□具足　□□□□□
經行及禪窟　種種皆嚴好　若有信解心　受持讀誦書
若復教人書　及供養經卷　散華香末香　以須曼瞻蔔
阿提目多伽　薰油常然之　如是供養者　得无量功德
如虛空无邊　其福亦如是　況復持此經　兼布施持戒
忍辱樂禪定　不瞋不惡口　恭敬於塔廟　謙下諸比丘
□□□高心　□□□□□　有問難不瞋　隨順為解說
□□行□行　功德不可量　若見此法師　成就如是德
□□□華散　天衣覆其身　頭面接足禮　生心如佛想
□應作是念　不久詣道樹　得无漏无為　廣利諸人天
其所住止處　經行若坐臥　乃至說一偈　是中應起塔
莊嚴令妙好　種種以供養　佛子住此地　則是佛受用
常在於其中　經行及坐臥

妙法蓮華經隨喜功德品第十八

尒時弥勒菩薩摩訶薩白佛言世尊若有善
男子善女人聞是法華經隨喜者得幾所福
而說偈言
世尊滅度後　其有聞是經　若能隨喜者　爲得幾所福
尒時佛告弥勒菩薩摩訶薩阿逸多如来滅
後若比丘比丘尼優婆塞優婆夷及餘智者
若長若幼聞是經隨喜已從法會出至於餘
處若在僧坊若空閑地若城邑巷陌聚落田
里如其所聞爲父母宗親善友知識隨力演
說是諸人等聞已隨喜復行轉教餘人聞已
亦隨喜轉教如是展轉至第五十阿逸多其
第五十善男子善女人隨喜功德我今說之
汝當善聽若四百万億阿僧祇世界六趣四

第五十善男子善女人隨喜功德我今說之
汝當善聽若四百万億阿僧祇世界六趣四
生衆生卵生胎生濕生化生若有形无形有
想无想非有想非无想无足二足四足多足
如是等在衆生數者有人求福隨其所欲娛
樂之具皆給與之一一衆生　與滿閻浮提
金銀琉璃車𤦲馬瑙珊瑚虎珀諸妙珎寶及爲
馬車乘七寶所成宮殿樓閣等是大施主如
是布施滿八十年已而作是念我已施衆生
娛樂之具隨意所欲然此衆生皆已衰老年
過八十髮白面皺將死不久我當以佛法而訓
導之即集此衆生宣布法化示教利喜一
時皆得須陁洹道斯陁含道阿那含道阿羅
漢道盡諸有漏於深禪定皆得自在具八解

脱於汝意云何是大施主所得功德寧爲多
不弥勒白佛言世尊是人功德甚多无量无
邊若是施主但施衆生一切樂具功德无量
何况令得阿羅漢果佛告弥勒我今分明語
汝是人以一切樂具施於四百万億阿僧祇世
界六種衆生又令得阿羅漢果所得功德不
如是第五十人聞法華經一偈隨喜功德
百分千分百千万億分不及其一乃至筭數
譬喻所不能知阿逸多如是第五十人展轉
聞法華經隨喜功德尚无量无邊阿僧祇何
况冣初於會中聞而隨喜者其福復勝无量
无邊阿僧祇不可得比又阿逸多若人爲是
經故往詣僧坊若坐若立須臾聽受緣是功
德轉身所生得好上妙象馬車乘珎寳輦轝

經故往詣僧坊若坐若立須臾聽受緣是功
德轉身所生得好上妙象馬車乘珎寶輦轝
及乘天宮若復有人於講法處坐更有人來
勸令坐聽若分座令坐是人功德轉身得帝
釋坐處若梵王坐處若轉輪聖王所坐之處
阿逸多若復有人語餘人言有經名法華可
共往聽即受其教乃至須臾間聞是人功德
轉身得與陁羅尼菩薩共生一處利根智慧
百千万世終不瘖瘂口氣不臭舌常无病口
亦无病齒不垢黑不黃不疎亦不缺落不差
不曲脣不下垂亦不褰縮不麁澁不瘡胗亦
不缺壞亦不喎斜不厚不大亦不黧黑无諸
可惡鼻不匾㔸亦不曲戾面色不黑亦不狹
長亦不窊曲无有一切不可喜相脣舌牙齒

悉皆嚴好鼻脩高直面貌圓滿眉高而長額
廣平正人相具足世世所生見佛聞法信受
教誨阿逸多汝且觀是勸於一人令往聽法
功德如此何況一心聽說讀誦而於大衆為
人分別如說脩行尒時世尊欲重宣此義而
說偈言
若人於法會　得聞是經典　乃至於一偈　隨喜為他說
如是展轉教　至于第五十　冣後人獲福　今當分別之
如有大施主　供給无量衆　具滿八十歲　隨意之所欲
見彼衰老相　髮白而面皺　齒踈形枯竭　念其死不久
我今應當教　令得於道果　即為方便說　涅槃真實法
世皆不牢固　如水沫泡焰　汝等咸應當　疾生猒離心
諸人聞是法　皆得阿羅漢　具足六神通　三明八解脫
冣後第五十　聞一偈隨喜　是人福勝彼　不可為譬喻

說人間是法 皆得阿羅漢 具足六神通 三明八解脫
冣後第五十 聞一偈隨喜 是人福勝彼 不可為譬喻
如是展轉聞 其福尚无量 何況於法會 初聞隨喜者
若有勸一人 將引聽法華 言此經深妙 千万劫難遇
即受教往聽 乃至須臾聞 斯人之福報 今當分別說
世世无口患 齒不踈黃黑 脣不厚褰缺 无有可惡相
舌不乾黑短 鼻高脩且直 額廣而平正 面目悉端嚴
為人所喜見 口氣无臭穢 優鉢華之香 常從其口出
若故詣僧坊 欲聽法華經 須臾聞歡喜 今當說其福
後生天人中 得妙象馬車 珎寶之輦輿 及乘天宮殿
若於講法處 勸人坐聽經 是福因緣得 釋梵轉輪坐
何況一心聽 解說其義趣 如說而脩行 其福不可限

妙法蓮華經法師功德品第十九

尒時佛告常精進菩薩摩訶薩若善男子善

女人受持是法華經若讀若誦若解說若書
寫是人當得八百眼功德千二百耳功德八
百鼻功德千二百舌功德八百身功德千二
百意功德以是功德莊嚴六根皆令清淨是
善男子善女人父母所生清淨肉眼見於三
千大千世界內外所有山林河海下至阿鼻
地獄上至有頂亦見其中一切衆生及業因
緣果報生處悉見悉知尒時世尊欲重宣此
義而說偈言

若於大衆中　以无所畏心　說是法華經　汝聽其功德
是人得八百　功德殊勝眼　以是莊嚴故　其目甚清淨
父母所生眼　悉見三千界　內外弥樓山　須弥及鐵圍
并諸餘山林　大海江河水　下至阿鼻獄　上至有頂處
其中諸衆生　一切皆悉見　雖未得天眼　肉眼力如是

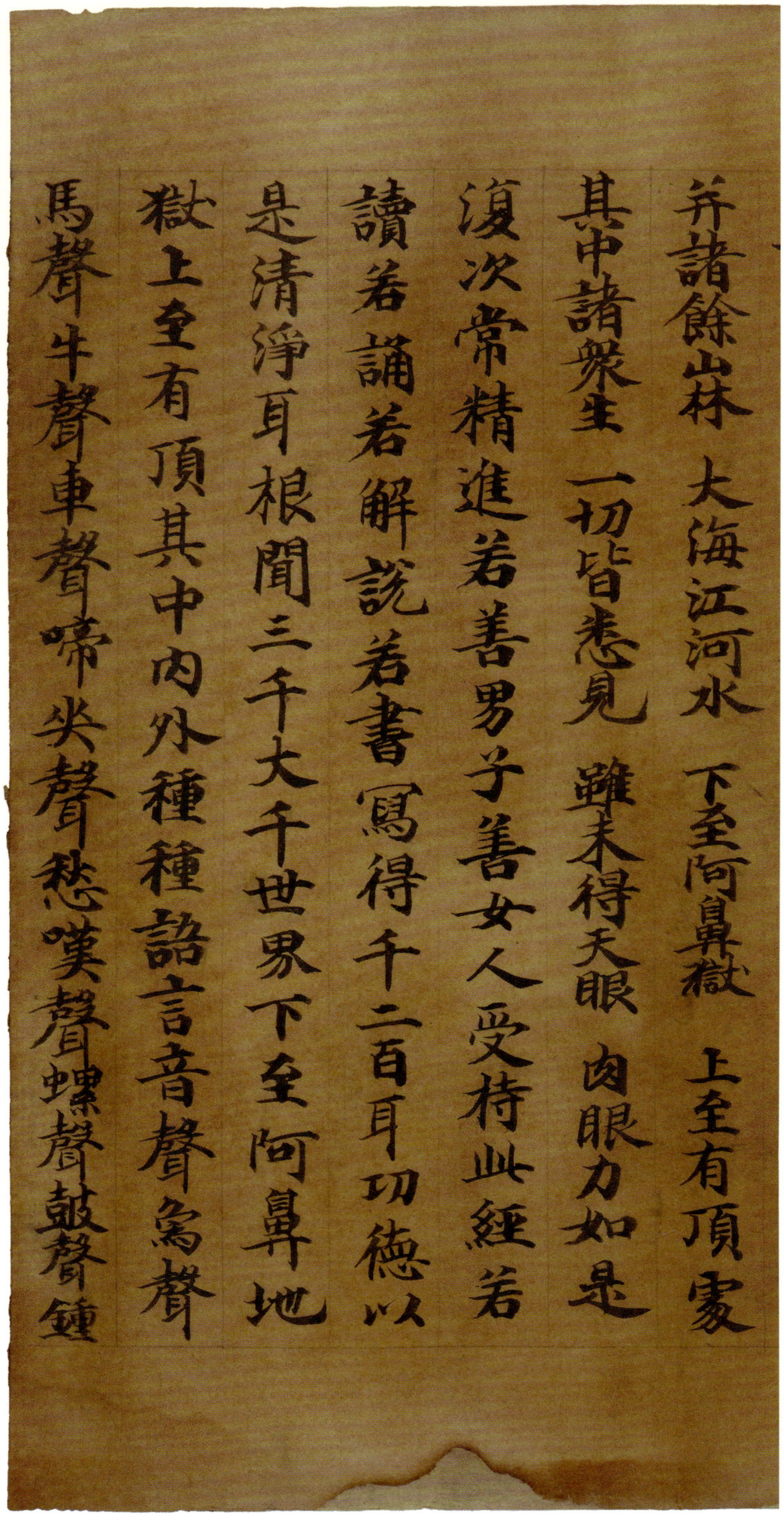
并諸餘山林　大海江河水　下至阿鼻獄　上至有頂處
其中諸衆生　一切皆悉見　雖未得天眼　肉眼力如是
復次常精進若善男子善女人受持此經若
讀若誦若解說若書寫得千二百耳功德以
是清淨耳根聞三千大千世界下至阿鼻地
獄上至有頂其中內外種種語言音聲象聲
馬聲牛聲車聲啼哭聲愁歎聲螺聲鼓聲鍾

圖書在版編目（CIP）數據

中國國家圖書館藏敦煌文獻．第三六册 / 中國國家圖書館編．—北京：國家圖書館出版社，2024.12

ISBN 978-7-5013-7959-0

Ⅰ．①中… Ⅱ．①中… Ⅲ．①敦煌學－文獻 Ⅳ．① K870.6

中國國家版本館 CIP 數據核字（2024）第 036585 號

書　　名　中國國家圖書館藏敦煌文獻・第三六册
著　　者　中國國家圖書館　編
項目統籌　魏　崇　殷夢霞
責任編輯　程魯潔　潘　竹　黄　鑫　苗文葉
責任校對　王　哲

出版發行　國家圖書館出版社（北京市西城區文津街 7 號　100034）
（原書目文獻出版社　北京圖書館出版社）
010-66114536　63802249　nlcpress@nlc.cn（郵購）
網　　址　http://www. nlcpress. com
排版印裝　天津裕同印刷有限公司
版次印次　2024 年 12 月第 1 版　2024 年 12 月第 1 次印刷

開　　本　787 × 1092　1/8
印　　張　38
書　　號　ISBN 978-7-5013-7959-0
定　　價　2800.00 圓